EMPRESA FAMILIAR:
A IMPORTÂNCIA DA GESTÃO DE PESSOAS

Domingos Ricca
Sheila Madrid Saad
Ana Gabriela Ribeiro Dezan

EMPRESA FAMILIAR:
A IMPORTÂNCIA
DA GESTÃO DE PESSOAS

Domingos Ricca
Sheila Madrid Saad
Ana Gabriela Ribeiro Dezan

São Paulo
2019

Editor: Fabio Humberg
Assistente editorial: Cristina Bragato
Revisão: Humberto Grenes
Capa: Alejandro Uribe

Dados Internacionais de Catalogação na Publicação (CIP)
(Câmara Brasileira do Livro, SP, Brasil)

Ricca, Domingos
  Empresa familiar : a importância da gestão de
pessoas / Domingos Ricca, Sheila Madrid Saad, Ana
Gabriela Ribeiro Dezan. -- São Paulo : Editora CLA
Cultural, 2019.

  Bibliografia.
  ISBN 978-65-5012-002-3

  1. Administração de empresas 2. Administração de
pessoal 3. Comportamento organizacional 4. Empresas
familiares - Administração I. Saad, Sheila Madrid.
II. Dezan, Ana Gabriela Ribeiro. III. Título.

19-26645	CDD-658.045

Índices para catálogo sistemático:
1. Empresas familiares : Administração 658.045

(Cibele Maria Dias – Bibliotecária – CRB-8/9427)

Editora CL-A Cultural Ltda.
Tel: (11) 3766-9015
e-mail: editoracla@editoracla.com.br / www.editoracla.com.br

Disponível também em ebook

ÍNDICE

Capítulo 1: INTRODUÇÃO AOS CONCEITOS RELATIVOS ÀS EMPRESAS FAMILIARES 07

Capítulo 2: A DINÂMICA DA EMPRESA FAMILIAR 15
Código de ética para a empresa familiar 16

Capítulo 3: GESTÃO DE PESSOAS E SEUS REFLEXOS NAS EMPRESAS FAMILIARES 25
O enfoque estratégico para a área de Recursos Humanos 33
Recrutamento e Seleção 39
Qualificação – Treinamento e/ou Desenvolvimento de Pessoas... 43
Formação de Sucessores 49
Remuneração nas Empresas Familiares 53
Relações com os empregados 54
Mensuração de resultados 55

Capítulo 4: A GOVERNANÇA CORPORATIVA E SUA ESSÊNCIA 60
Governança Corporativa 60
A importância da Governança Corporativa
nas empresas familiares 64
O Conselho de Administração.. 67

Capítulo 5: AS ATIVIDADES DE GESTÃO DE PESSOAS E O CONSELHO DE ADMINISTRAÇÃO.. 79

Referências bibliográficas para os capítulos 1 a 5............................ 84

Capítulo 6: COMPORTAMENTO ORGANIZACIONAL (por Ana Gabriela Ribeiro Dezan)... 88

Cultura organizacional.. 90

Valores.. 95

Comunicação e motivação 100

Gestão de conflitos 104

Liderança..107

Referências bibliográficas para o capítulo 6.................................. 110

Capítulo 1

INTRODUÇÃO AOS CONCEITOS RELATIVOS ÀS EMPRESAS FAMILIARES

As empresas familiares são uma realidade em todo o mundo. No Brasil, tais empresas eram predominantes até a década de 1950, em todos os segmentos da economia nacional. A partir do governo de Juscelino Kubitscheck, as empresas familiares começaram a concorrer com corporações globais, profissionalizadas e estruturadas em seus processos, tanto na relação com seus colaboradores quanto com resultados mais efetivos em termos de qualidade técnica.

Se as empresas globais são mais profissionalizadas, qual a razão pela qual a empresa familiar sobrevive?

A empresa familiar é reconhecida na localidade em que atua, tem relação próxima com seus clientes, com seus colaboradores e até mesmo com os concorrentes, motivos pelos quais, sob a ótica do mercado, é confiável.

A empresa familiar é, portanto, um grande negócio. Porém, precisa ser bem administrada para não constar na estatística de morte prematura. Como exemplo, de cada 100 empresas familiares, somente 30 conseguem sobreviver durante a gestão da segunda geração, e apenas 5 sobrevivem à terceira geração. Desde o fundador até os seus netos, 95% das empresas ou fecham suas portas, ou são vendidas, muitas vezes a preços módicos. Os motivos são os mais variados:

- Conflitos entre parentes;
- Disputas pelo poder, na gestão ou durante o processo sucessório;
- Falta de competência técnica do sucessor para gerir os negócios de família;
- Falta de prestação de contas entre parentes.

A empresa familiar ocupa uma grande parte do nosso tecido econômico e social. Representa parcela significativa do conjunto das empresas privadas existentes no país e no mundo. Estima-se que 85% do parque empresarial brasileiro seja composto de organizações familiares, que eram responsáveis, ao final do século 20, por 60% da oferta de empregos, assim como por 48% da produção nacional.

Nesse conjunto, as empresas de menor porte têm importância crucial no desenvolvimento econômico. Estudos mostraram que as pequenas e médias empresas familiares respondiam, nessa época, por dois milhões de empregos diretos e eram o segmento que mais crescia no país.

Alguns pontos são comuns a todas as empresas familiares em qualquer parte do mundo, independentemente das características da localidade onde estão inseridas. O senso comum relaciona o negócio familiar a conflitos e disputas entre parentes. Exemplos não faltam.

Os problemas costumam se acirrar em momentos de sucessão. Até por questões genealógicas, a empresa familiar cresce em progressão geométrica. Da primeira para a segunda geração, a disputa fica entre os filhos do fundador, ou seja, entre irmãos; da segunda para a terceira, fica entre os netos do fundador, ou seja, entre primos, e assim sucessivamente. Há sempre um contingente de herdeiros muito maior de uma geração para a outra.

Excluído o fator sucessão, os problemas nas empresas familiares serão aparentemente mais simples de resolver. Por exemplo, disputas pelo poder, brigas para utilização de recursos da empresa ou questões relacionadas a colaboradores e ao modelo de gestão implementado. Tais conflitos podem afetar, significativamente, a imagem da organização no mercado e na localidade onde atua, assim como a reputação da família.

Embora essas desvantagens possam tornar a empresa ineficaz, caso sejam adotadas medidas de profissionalização da estrutura organizacional, elas passam a ser gerenciáveis. Portanto, é errôneo justificar que, por sua natureza familiar, uma empresa esteja fadada à mortalidade precoce.

Uma questão premente se coloca: como perpetuar as organizações de natureza familiar? Para responder, é necessário entender as características e o contexto inerentes às empresas familiares.

Uma das maiores preocupações de seus dirigentes é a sobrevivência do negócio. Fazer com que uma empresa tenha sucesso e continuidade, passando de pai para filho, é o sonho dourado.

É internacionalmente aceito o conceito de que empresa familiar envolve três grandes eixos:

- Propriedade (controle da empresa);

- Gestão sob a responsabilidade dos membros da família;
- Sucessão dos proprietários pelas gerações seguintes.

A partir da década de 1990, o estudo acerca da realidade das empresas familiares ficou muito mais efetivo. Diversos autores trataram de defini-la e conceituá-la de forma mais precisa. Um exemplo foi Steffen Ulrich (1997), para quem o conceito de empresa familiar agregado à propriedade tem um sentido amplo: esse tipo de empresa tem sua propriedade e administração nas mãos de uma ou mais pessoas da família. O elemento central desta definição é a ideia de que a empresa é controlada por membros de uma só família.

Já Luis Gaj (1990) definiu as empresas familiares como "aquelas com capital aberto ou fechado, que foram iniciadas por um membro da família, que as passou ou tem intenção de passar a um herdeiro direto ou parente por casamento". Por sua vez, João Bosco Lodi (1993) destacou que se trata da "empresa em que a consideração da sucessão da diretoria está ligada ao fator hereditário e onde os valores institucionais da firma identificam-se com um sobrenome de família ou com a figura de um fundador".

Nilda Leone, em 1992, caracterizou a empresa familiar pela observação dos seguintes fatos:

- Iniciada por um membro da família;
- Membros da família participando da propriedade e/ou direção;
- Valores institucionais identificando-se com um sobrenome de família, ou com a figura do fundador;
- Sucessão ligada ao fator hereditário.

Todas essas definições – assim como as de outros estudos mais recentes – convergem para o fato de que a empresa familiar, suas características e suas formas de organização se configuram em função de interesses mútuos, tanto em termos do modelo de gestão estabelecido, quanto em relação aos propósitos da família.

Os laços familiares são pré-requisitos que influenciam o direito à sucessão nos cargos de direção. Porém, há um fator que não pode ser desprezado: as condições determinadas pelo mercado. O modelo de negócio, o perfil do(s) executivo(s), as características de produtos e serviços, tudo passa pela avaliação implacável do mercado.

Não há dúvida de que os laços sanguíneos devem vir acompanhados de competência para gerenciamento do negócio de família. A estabilidade e a harmonia da empresa familiar dependem da conciliação de interesses de longo prazo: individuais (dos membros da família) e os da empresa, pois a prosperidade ou a falência afetarão a todos os envolvidos, sem exclusão.

Embora a condição de empresa familiar não esteja, necessariamente, ligada ao porte da organização, a utilização em larga escala da mão de obra familiar é uma das principais características das pequenas e médias empresas (PMEs).

A empresa pode passar por várias gerações, evoluir em tecnologia, modernizar seus processos, mas deve manter os seus valores, que são reconhecidos e referendados pelo mercado. A partir do momento em que a empresa começar a atuar com valores diferentes, o mercado não a reconhecerá mais.

Cabe aqui um parêntese, distinguindo as figuras do herdeiro e do sucessor:

- Herdeiro é aquele que herda o direito a sucessão;
- Sucessor é o que sucede.

Na empresa familiar, os filhos são todos herdeiros, mas nem todos são sucessores. O contrário também é verdadeiro: nem todos os sucessores são herdeiros. Porém, muito frequentemente o sucessor é um herdeiro.

O herdeiro que possui o direito à sucessão, mesmo que não atue nos negócios da família, receberá a empresa por herança. As questões que se colocam são:

- O que fazer com a empresa?
- Como conciliar os interesses pessoais com os demais herdeiros?
- Que caminhos a empresa deverá trilhar quando o fundador não estiver mais na gestão dos negócios?

Transferir os valores e a cultura do negócio familiar é o ponto chave para o sucesso corporativo e para o êxito da sucessão. Os herdeiros precisam compreender e os sucessores devem incorporar os valores do fundador, de forma a dar continuidade ao modelo de gestão consolidado.

A imagem da empresa familiar é baseada em pilares, adotados pelo fundador no início do negócio. São eles:

- Palavra / Credibilidade;
- Perseverança;

- Carisma / Liderança;
- Cultura.

No início, a palavra é tudo que o fundador possui como forma de garantia, ou seja, toda a sua credibilidade está pautada na concretização de suas ações. Se o sucessor estiver consciente da força que sua palavra simboliza, a confiança que os clientes possuem em relação ao dono também será transmitida a ele.

Além disso, é preciso que a segunda geração conheça a trajetória de vida do fundador, a fim de compreender a importância da sua perseverança e do seu esforço no desenvolvimento da empresa. Os herdeiros que sabem das dificuldades que foram enfrentadas tendem a valorizar mais o negócio.

A liderança e o carisma são as únicas características que o fundador não consegue transmitir aos seus herdeiros, pois estão ligadas à personalidade e às conquistas de cada um. Além de apresentar a capacidade necessária para assumir a gestão da empresa, o sucessor precisa, também, entender, incorporar e transmitir a cultura e os valores que simbolizam a organização.

A palavra, a credibilidade, a perseverança, a liderança e o carisma foram os pilares de apoio na formação e expansão do negócio, sendo também a base da cultura empresarial.

O motivo do fracasso de muitas empresas é a desconsideração, por parte do herdeiro que assume a gestão, de todo o trabalho já realizado, acreditando em uma renovação total. Com certeza, a segunda geração possui experiências para acrescentar ao empreendimento.

No entanto, é preciso conciliar a implantação de inovações, que irão gerar novas oportunidades, com a perpetuação da imagem positiva da empresa, construída pelo fundador por meio dos pilares anteriormente citados.

Com o processo sucessório, toda a cultura organizacional deve ser compreendida e colocada em prática pelos sucessores, de maneira a perpetuar a postura que a empresa assume diante de colaboradores, do mercado e da comunidade. Para tanto, é necessário desenvolver uma comunicação eficaz, que apresente reiteradamente, às novas gerações e a todos aqueles que estão inseridos no contexto organizacional, quais são as bases que solidificaram o negócio.

A partir da uniformização de linguagem e da assimilação dos valores do fundador, torna-se mais favorável o relacionamento entre parentes.

Quando se misturam relações afetivas de família com a gestão da empresa, o resultado pode ser decisões erradas. É comum um herdeiro de empresa, principalmente se não entende do negócio, tomar atitudes incoerentes ou inadequadas. Quando essas posições prevalecem, acabam com qualquer empresa, porque inviabilizam a continuidade no mercado.

Para assimilar todos os fatores que envolvem a dinâmica e a perpetuação dos negócios de família, é necessário iniciar esta jornada pela perspectiva dos envolvidos no processo, o que permitirá que as empresas familiares tenham maior longevidade.

Capítulo 2

A DINÂMICA
DA EMPRESA FAMILIAR

O fundador cria uma empresa a partir de um sonho pessoal e chega ao fim da vida com dificuldade de compartilhar os seus valores e sonhos com a segunda geração.

Os sonhos da segunda geração precisam ser fruto da trajetória de vida dos herdeiros, tendo como base os contornos familiares. Para isso, é necessário que aquele que assumir o comando da empresa encarne os valores que a segunda geração descobre na primeira.

O filho que assumir a gestão da empresa deverá representar mais claramente os valores da família, que normalmente são: trabalho duro, comprometimento com o sucesso do negócio, disposição para se sacrificar pelo cliente e confiança dos familiares. A tarefa do fundador é desenvolver uma ideologia estável e coerente, ao mesmo tempo em que implanta a profissionalização na empresa que criou. Estas são as bases para a construção de uma sólida hierarquia de valores, além de uma boa estrutura de trabalho. Ambas nortearão as gerações futuras.

Alguns empreendedores se frustram por não conseguirem repassar seus sonhos e projetos para seus herdeiros. Assim, a passagem da gestão de uma geração para outra não trará a continuidade familiar idealizada pelo fundador. Muitas vezes, antes mesmo de o herdeiro nascer, seus pais já estabeleceram que a empresa será construída para ele. E se o sonho do fundador não for o mesmo sonho de seu(s) filho(s)? Se os filhos desejarem atuar na empresa, qual será o tempo dedicado à formação do sucessor?

A formação acadêmica não é suficiente para oferecer competência de gestão. Com frequência, a segunda geração produz um negócio de cultura fraca, que envolve: objetivos pessoais contrários às necessidades da empresa, lealdades divididas e motivação baseada em dinheiro.

O sucessor precisa realizar o que for necessário para o crescimento e desenvolvimento da empresa. O fundador se respaldou nesse tipo de motivação para sustentar sua família e garantir a evolução do negócio que construiu.

Uma liderança individualista e arrogante, que não considera as expectativas dos demais membros do grupo, fracassa ao tentar substituir o fundador. Muitos se esquecem de que a cultura da família será ou é fator determinante das forças e fraquezas que permeiam o negócio, sendo mais impactante que as forças do mercado. A descoberta e a afirmação dos valores da família são os pontos fundamentais que sustentam e solidificam um negócio longevo. Famílias fortes criam empresas fortes.

A hereditariedade não é uma razão para se pertencer a uma empresa familiar. Os valores comuns vêm em primeiro lugar.

Código de ética para a empresa familiar

Conflitos entre sócios nascem no núcleo de cada grupo familiar. Os problemas não residem na situação financeira da empresa nem na conjuntura econômica do país. A origem dos conflitos nas empresas familiares está relacionada ao comportamento ético entre os indivíduos.

Existem instrumentos legais que regem as relações entre os sócios, definidos nos Acordos de Sócios. Porém, a estabilidade e permanência de boas relações dependem de se buscar, constantemente, meios de elevar o nível ético das relações entre irmãos, parentes em geral, sócios e demais colaboradores.

Uma das maneiras de se ajustar as condutas é definir um balizador de comportamento, que norteará as ações dos sócios e servirá de base para identificação dos abusos.

Outro ponto a considerar reside na necessidade de se encontrar oportunidades, quer seja em reuniões do Conselho de Administração, quer seja em uma reunião de gestores, para promover a conscientização de todos aqueles que administram a empresa acerca do padrão ético de comportamento aceitável na organização.

Os mal-entendidos não surgem somente da vaidade e da ganância, mas da falta de cuidado para com as relações humanas.

O instinto para levar vantagem nas diversas situações cotidianas pode deteriorar as relações familiares e comprometer a sustentação organizacional. Para que ações, consciente ou inconscientemente danosas ao bom andamento da empresa, não desajustem o trabalho cotidiano, nem prejudiquem a empresa como um todo, é necessário agir preventivamente. Essa é a melhor política, pois nas relações entre sócios não basta "ser de confiança", é preciso "ter confiança".

João Bosco Lodi (1993) define um rol de questões que servem de parâmetro para o desenvolvimento de um código de ética que norteará as relações entre parentes, a saber:

a) Compromisso com a continuidade da empresa: respeitar a integridade da empresa e zelar para que ela supere suas crises, especialmente quando a família se encontra numa encruzilhada;

b) Prioridade do interesse da empresa sobre o interesse pessoal: colocar a empresa em primeiro lugar na comparação com a família e os interesses individuais. Priorizar o trabalho sobre o conforto, o coletivo sobre o individual.

c) Harmonia e união da família: procurar continuamente investir nas forças que mantêm a família unida. Desavenças passadas entre dirigentes das famílias não devem continuar na geração atual;

d) Boas relações humanas dentro da família: procurar praticar a sinceridade, a justiça, o respeito humano, o consenso, a capacidade de ouvir e de harmonizar;

e) Comprometimento com a excelência: elevar constantemente o nível do desempenho pessoal e coletivo em benefício do grupo familiar. Colaborar para que a empresa esteja sempre voltada para a excelência de desempenho;

f) Não ingerência na linha hierárquica: evitar ordens ou sugestões a funcionários subordinados a outros chefes, a fim de manter sempre respeito pela cadeia de comando;

g) Identificar e reforçar os valores da família: procurar os traços positivos da cultura da família e construir sobre eles. Exemplo: determinação, disciplina, criatividade, atualização, trabalho, sentido de equipe, honestidade, sinceridade, objetividade, racionalidade etc.;

h) Compromisso com a profissionalização: separar os direitos de acionista/cotista (a serem tratados em foro próprio) dos direitos e deveres dos administradores. Adotar um comportamento totalmente profissional dentro da empresa. Respeitar e fazer respeitar a autoridade e responsabilidade dos profissionais, procurando prestigiá-los;

i) Saber lidar com o comportamento político das pessoas: adotar uma postura esclarecida diante da política interna quanto a boatos, favoritismo, articulações, feudos, defesa de território, interesses pessoais, intolerâncias, discriminações, preconceitos, busca de bodes expiatórios, perseguições, resistência a mudanças, tentativas de desestabilização de pessoas;

j) Manter um clima de respeito e orgulho profissional e familiar: reforçar os pontos fortes das pessoas e da organização, deixando as críticas para momentos e foros apropriados. Evitar a maledicência: não falar mal de membros da família e da administração, principalmente junto a terceiros ou fora da empresa. Não levar para reuniões as discussões ou desavenças que possam ser resolvidas a dois;

k) Ética do dinheiro: tomar todo o cuidado ao lidar com dinheiro e valores patrimoniais da sociedade. Atenção especial com reembolsos de despesas pessoais, retiradas e adiantamentos, compras para uso pessoal;

l) Respeito pelo ser humano e atitude contra preconceitos: colocar-se contra qualquer forma de discriminação social, racial, religiosa ou política, procurando priorizar a justiça social e eliminar qualquer preconceito.

O mesmo autor elenca alguns subsídios para o Código de Ética:

a) Despesas de viagem e verbas de representação: evitar o abuso de despesas de viagens, hotéis ou com acompanhantes, mesmo a serviço da companhia. Procurar um estrito enquadramento nas normas da empresa. Havendo vários graus ou categorias de despesas, evitar enquadrar-se em categoria superior à do próprio cargo;

b) Despesas pessoais: despesas de interesse pessoal não autorizadas ou fora das normas não podem ser transferidas para o caixa da empresa. Fornecedores não podem procurar funcionários da empresa para acertos de despesas pessoais de familiares. A documentação dos serviços autorizados deve estar correta e sem rasuras;

c) Negócios pessoais dentro do escritório da empresa: evitar a realização de negócios pessoais dentro da companhia durante o horário de expediente. Exemplo: compra de matérias-primas ou insumos para empresas particulares. Outro exemplo: desvio de equipamentos ou bens de produção da companhia para a prestação de serviços particulares nas residências ou nas empresas pessoais dos sócios. Exemplo: seguranças, garçons, pessoal da manutenção doméstica;

d) Uso de crédito ou horário da empresa: evitar a compra ou venda de bens pessoais usando crédito ou horário da companhia.

Evitar sair em horários de expediente para atender a interesses pessoais sem expressa autorização. Evitar realizar negócios pessoais com funcionários da empresa, usando o *status* de membro da família;

e) Viagens particulares: não permitir a coincidência de negócios pessoais quando viajando a serviço da companhia para outras regiões do país ou para o exterior. Evitar simular viagens para atender a interesse pessoal;

f) Situação de fornecedor ou cliente da empresa: suspender definitivamente qualquer transação comercial entre o sócio e suas empresas particulares com a companhia, seja de fornecimento, distribuição, compra ou venda. Aquelas que forem de interesse da sociedade deverão ser aprovadas em reunião de diretoria, na qual o sócio interessado não deverá votar. Evitar ser fornecedor ou cliente da empresa sem especial autorização. Evitar colocar outros familiares de fora da empresa na situação de fornecedor ou cliente;

g) Situação de concorrência: impedir qualquer atividade que favoreça o sócio e um concorrente, seja através de participação societária particular, em firma concorrente, seja por meio de qualquer tipo de comissionamento por assessoria a terceiros que prestam serviço para a empresa;

h) Recebimento de comissão: o familiar não pode receber comissão ou qualquer favorecimento de fornecedor ou cliente da sociedade, ou em qualquer transação comercial a serviço da empresa;

i) Direito de primeira recusa: negócios que chegam ao conhecimento de um dos sócios, diretores ou conselheiros devem ser primeiro oferecidos à sociedade e só depois do desinteresse dos demais sócios podem ser assumidos particularmente;

j) Brindes e cortesias: mesmo existindo política de brindes e cortesias, a autorização para o seu recebimento deve envolver sempre dois diretores;

k) Respeito pelos dirigentes da empresa: manter o respeito pela imagem e autoridade do presidente e dos diretores. Não expressar opiniões negativas sobre colegas de diretoria para funcionários ou públicos externos. Controlar a origem de boatos depreciativos que se iniciam no interior da companhia. Controlar os desabafos pessoais;

l) Quebra de hierarquia: evitar dar ordens a funcionários que estejam subordinados a outros colegas de diretoria. Evitar semear desconfiança ou prejudicar a credibilidade dos colegas de diretoria. Respeitar a hierarquia;

m) Situação de porta-voz da empresa: cuidado na representação externa (junto a autoridades e associações de classe) para não ferir a suscetibilidade ou a autoridade dos colegas de diretoria. Especial cuidado nas entrevistas à imprensa, na divulgação de fotos ou informações pessoais que possam criar ressentimento nos sócios e parentes. Da mesma forma nos contatos com autoridades e nos acordos comerciais. Definir com clareza quem fala com cada público externo;

n) Respeito com a sociedade: transmitir aos parentes e sucessores diretos a mesma atitude de respeito com a sociedade e com os colegas do conselho e da diretoria. Ao constituir empresas para membros de sua família, verificar a ausência de conflitos de interesse com a companhia.

Partindo dos pressupostos acima, chegamos a algumas conclusões, que podem auxiliar empresários e parentes envolvidos em organizações de familiares a desenvolver padrões de comportamento saudáveis, de forma que haja perpetuação dos negócios de família, a saber:

1. A empresa deve ser tratada como empresa, sem fazer aflorar nas suas dependências conversas e discussões inerentes à família, ou decorrentes de problemas pessoais;

2. A família deve estar restrita ao âmbito familiar e ser tratada como família, sem que haja a interferência de problemas profissionais, pois isso poderá dissolver a solidez dessa relação;

3. A propriedade deve ser respeitada, pois conflitos sérios que possam rachar a família também podem fragmentar o patrimônio que levou muito tempo e esforço para ser construído;

4. As mudanças sempre ocorrem – entendendo isso, é possível observar que a empresa de ontem pode não se adaptar ao mercado atual;

5. Implementar valores e uma mentalidade desenvolvimentista faz com que as pessoas sejam mais flexíveis a variáveis internas e externas e mantenham um grau de adaptabilidade crucial para a perpetuação dos negócios;

6. Desenvolver a empresa não significa destruir o legado do fundador. Seus valores e a cultura que implementou são atemporais. Precisam ser preservados para que a empresa seja, continuamente, reconhecida pelo mercado e mantenha sua credibilidade;

7. A empresa familiar só existe em virtude do fundador. Ele é o melhor formador de sucessores que há. Ele deverá ser o mentor do sucessor.

A empresa familiar, embora tenha o diferencial do seu estreito vínculo com sua rede de relacionamentos, precisa garantir critérios profissionais para ser conduzida de maneira transparente e responsável. Os sucessores são "fiéis depositários" de um bem familiar e precisam zelar por esse legado para as próximas gerações.

Capítulo 3

GESTÃO DE PESSOAS E SEUS REFLEXOS NAS EMPRESAS FAMILIARES

Gestão de Pessoas é um tema que reiteradamente se discute nas empresas e no meio acadêmico. Na academia, os conceitos são mais sofisticados do que na prática corporativa. Além do mais, muitos empresários acham que as questões que envolvem a administração dos colaboradores são menos importantes do que atividades como vendas ou gestão financeira.

A área de RH deve ser a estrutura de apoio às ações de gestão de pessoas realizadas pelas chefias. Porém, nem sempre é esta a imagem que se passa. Isto é surpreendente quando se analisa o ambiente repleto de indefinições, incertezas, restrições, ameaças e oportunidades de toda espécie. Nesse ambiente, as palavras-chave para as empresas familiares são competitividade e longevidade, principalmente porque essas organizações possuem alta taxa de mortalidade. São também vendidas, muitas vezes, a preços módicos, por não conseguirem lidar com os conflitos entre parentes, o que desestrutura o ambiente corporativo.

Independentemente de serem familiares, as empresas mantêm um discurso que destaca a importância da área voltada para gestão de pessoas, principalmente pelo fato de que "gente talentosa" é um ativo raro e dificilmente imitável, o que torna o capital humano um recurso altamente competitivo. A geração e administração de conhecimento, a inovação e a premissa da melhoria contínua em tudo que se faz devem ser prioridades para as empresas de maneira geral.

Entender o que envolve Gestão de Pessoas é fundamental para agir de maneira a agregar valor à organização. Para facilitar o entendimento, vamos analisar a definição de Gestão de Pessoas:

a) Gestão de Pessoas é função gerencial: isto significa que qualquer gestor é um gestor de pessoas. Não importa o cargo. Pode ser a chefia hierárquica mais básica da empresa, com poucos poderes, mas esse profissional é gestor de pessoas.

b) É foco da gestão de pessoas fazer com que o colaborador seja cooperativo na organização e que dê resultados frente às suas responsabilidades.

c) É necessário garantir que objetivos ou metas estabelecidas sejam alcançados. Para tanto, o gestor de pessoas é responsável por orientar, treinar, avaliar e desenvolver seus subordinados. O objetivo é ter resultados, com menos desperdício de tempo e esforço.

São atividades do gestor de pessoas:

- **Recrutamento e seleção.** Recrutar significa atrair candidatos. Selecionar é a escolha do colaborador que irá ser enquadrado no cargo. É necessário que o gestor tenha capacidade de definir com exatidão as competências do(s) cargo(s) subordinado(s) a ele. Isto significa saber quais são as habilidades necessárias, as tarefas a serem realizadas, a formação requerida e os comportamentos exigidos pelo cargo.

- **Treinamento e Desenvolvimento.** Cabe ao gestor, de qualquer área ou em qualquer nível hierárquico, ter capacidade de formar seus subordinados, tanto para conduzir suas tarefas cotidianas, como para evoluir na organização. Se o subordinado cresce, o gestor estará crescendo também. A relação entre as partes não deve ser de competição, mas de parceria. Chefia e subordinado dependem um do outro. Deve ser ressaltado, entretanto, que treinar é diferente de desenvolver:

  a) Treinamento é de curto prazo, com foco na melhoria das competências para a condução do trabalho do dia a dia.

  b) Desenvolvimento é um processo de educação corporativa. É de longo prazo, e prevê a formação do colaborador para que ele cresça na empresa.

  No caso do processo de sucessão na empresa familiar, a formação do sucessor passa tanto pelo treinamento quanto pelo desenvolvimento. No treinamento, ele terá contato com as tarefas com as quais lidará rotineiramente, mas o maior enfoque é no desenvolvimento. Ele terá de compreender a dinâmica da empresa; os meandros culturais que a definem; as peculiaridades dos clientes, fornecedores, concorrentes, parceiros e todos aqueles que mantêm contato com a organização. Isto não se aprende em horas, é formação de muitos anos.

- **Avaliação de Desempenho.** É atribuição inequívoca do gestor mensurar a performance dos seus subordinados e sinalizar a necessidade de melhoria, ou mesmo explicar ao colaborador como ele está evoluindo, ou se não está se adequando ao modelo de trabalho.

- **Remuneração.** Caberá ao gestor, muitas vezes, administrar questões salariais e relativas a benefícios.

- **Saúde e segurança no trabalho.** Embora as políticas de saúde e segurança no trabalho sejam definidas por lei, é atribuição do gestor promover a fiscalização das condições seguras e da adesão de seus colaboradores ao padrão de conduta estabelecido pela empresa.

- **Relação com empregados.** Significa ser responsável por questões de disciplina e conflito entre sua equipe e a empresa, responder pelo efetivo cumprimento de ações de qualidade de vida no trabalho e pela adesão do colaborador aos programas estabelecidos pela empresa.

Todas essas atribuições pertencem ao sistema de recursos humanos, ou seja, são partes interagentes e interdependentes que formam o todo em Gestão de Pessoas. Não há uma atividade mais importante que outra. Todas são necessárias para que haja controle e produtividade nas organizações, quer sejam familiares ou não.

Portanto, **o primeiro desafio das organizações é ter ou formar gestores que possam viabilizar, com o RH da empresa, todas as atividades inerentes à Gestão de Pessoas, de maneira eficiente, eficaz e efetiva.**

Entendido o primeiro desafio da gestão de pessoas, seguimos para o segundo: **gestão de pessoas visa garantir a colaboração dos membros da equipe, de maneira a possibilitar que sejam atingidos os objetivos organizacionais, partindo da premissa de que haverá também a necessidade de conciliação dos objetivos individuais com os corporativos.**

Caberá ao gestor garantir que os colaboradores tenham afinidade com a empresa e com o trabalho que realizam. Só a partir dessa adequação o colaborador sentirá que nesse lugar suas metas pessoais serão alcançadas.

A maior adequação é comportamental. É necessário que os valores do colaborador sejam compatíveis com aqueles praticados pela empresa. Essas análises deverão ser realizadas nos processos seletivos. Em última instância, na entrevista final e no acompanhamento realizado pelo gestor durante o período de experiência. Todas essas situações, desde a identificação do perfil do colaborador até a administração deste, fazem parte de ações de profissionalização, fundamentais à sobrevivência corporativa.

Um processo de profissionalização de uma empresa familiar passa pela definição de regras e políticas para o gerenciamento de seus colaboradores. Não são apenas um punhado de normas, mas toda uma estrutura de direcionadores de comportamento, de práticas e de políticas organizacionais. Sem esses instrumentos norteadores, as empresas ficam submetidas a relações individualizadas e, normalmente, respaldadas pelas decisões do empresário. Começa aí o paternalismo tão comum nas empresas familiares.

Desenvolver ações inerentes à gestão de pessoas é, basicamente, um processo de adoção de crenças e filosofia (valores e visão), além da definição de métodos e instrumentos. É essencial e possível concretizar a profissionalização de uma empresa familiar, desde que se inicie com as definições das políticas de Recursos Humanos, discutidas entre os sócios, ou mesmo nos Conselhos de Administração.

As ações de RH devem ser compartilhadas com os gestores. Deve-se possuir sistema de controle e acompanhamento, de maneira a permitir correção de desvios, aprimoramento dos colaboradores e educação gerencial para as chefias imediatas, inclusive em relação à liderança.

Para que haja bons resultados em gestão de pessoas são necessários:

- Objetivos claros;
- Introdução de indicadores de desempenho nos perfis de cargos para avaliações de competências;
- Hierarquia clara, comunicada por meio de relações objetivas de subordinação, com organograma compreensível para todos, com cargos e faixas salariais definidas;
- Regras e normas de conduta, que definirão a convivência no ambiente organizacional;
- Desenvolvimento de todos os subsistemas de gestão de pessoas de forma interagente e interdependente.

Serão detalhados a seguir todos os subsistemas de gestão de pessoas. Cada um deles deve ser sustentado por uma política, ou seja, uma forma de condução da atividade que vale para toda a empresa. Essa regra determinará, por exemplo, como o recrutamento e a seleção deverão ser realizados, com prazos e tarefas a serem realizados no processo. Ou como o treinamento inicial do colaborador deverá ocorrer.

A empresa deve assumir uma atitude profissional quanto à forma de lidar com seus colaboradores, definir os salários para cada cargo, a data de pagamento, os benefícios para os colaboradores, a data de adiantamento, as regras para concessão de bolsa de estudos, as regras para empréstimos corporativos, entre inúmeras outras ações.

É importante destacar que as políticas e normas devem ser para todos. Criar uma estrutura sólida e profissional é o primeiro passo para a geração de vantagem competitiva e ganho de produtividade.

Uma das regras no estabelecimento de políticas de gestão de pessoas é a isonomia. A palavra "isonomia" vem dos termos gregos *iso*, que quer dizer igual, e *nomos*, que significa lei. Ou seja, igualdade de direitos a todos, usando os mesmos critérios.

Cabe aqui uma ressalva: se as regras são iguais para todos os colaboradores e, se quem não é sócio, é empregado, os sucessores/herdeiros que não fizerem parte do quadro societário devem estar subordinados às regras e políticas organizacionais. Isto significa que a categoria "filho do dono" não pode se aplicar a um bom modelo de gestão de pessoas, sob pena de haver descrédito na gestão em vigor.

O grande fator impulsionador das organizações, de uma forma geral, são as pessoas. Nas empresas familiares essa situação fica mais visível, pois as emoções e os relacionamentos pessoais são uma constante. Colaboradores antigos são parte da família, membros de uma mesma família possuem vínculos de intimidade acentuados.

Todos estão conectados por emoções que podem aflorar positiva ou negativamente.

Nas empresas familiares, são comuns discussões acaloradas no ambiente de trabalho, concessões que não poderiam ser feitas, brigas que chegam às vias de fato. Esses comportamentos são inaceitáveis, e definitivamente, antiprofissionais.

Entendido esse ponto, vamos pensar em outra questão comum às organizações de natureza familiar: muitas não pensam em estratégia vinculada à gestão de pessoas.

Faça as seguintes perguntas:

a) A empresa irá crescer no próximo ano?

b) Precisarei fazer contratações? Quando?

c) O meu segmento de atuação possui alta rotatividade? Como minimizar minhas perdas?

d) Meus colaboradores precisam de treinamento? Qual a grade de qualificação do ano? Quais os resultados que pretendo obter em aumento de produtividade?

e) Vou inserir Avaliação de Desempenho? Quando será? Como formar os gestores para avaliarem seus subordinados? Os melhores colaboradores terão alguma recompensa? Se sim, tais recompensas serão incorporadas ao salário?

f) Como estabelecer a política de remuneração? Posso ter redução fiscal nos benefícios? Vou alocar benefícios que não oneram minha folha de pagamento?

g) Como minimizar as doenças ocupacionais? A empresa pode ter um programa que melhore a saúde do colaborador e aumente seu desempenho?

Esses são exemplos de perguntas que devem ser feitas pelos empresários e que ajudam a definir as estratégias organizacionais.

Portanto, as atividades de gestão de pessoas, da mesma forma que as demais atividades corporativas, demandam estratégias. As respostas às perguntas acima podem oferecer um caminho para a empresa seguir.

O enfoque estratégico para a área de Recursos Humanos

Segundo Ed Gubman (2004), a estratégia e o planejamento de Recursos Humanos têm mudado e crescido significativamente desde as últimas décadas do século passado. Pode-se mapear esse desenvolvimento por meio das mudanças que a área de RH sofreu nos últimos anos. Viu-se uma evolução desde o pensamento pouco estratégico (anterior à década de 1980), o aparecimento de estratégias funcionais (década de 1980), a proposta de desenvolvimento de capacidades estratégicas (nos anos iniciais da década de 1990) até a visão atual, de busca de alinhamento da área aos resultados estratégicos.

Essas mudanças na área de RH espelharam-se nas transformações do mercado de trabalho e nas rupturas verificadas no pensamento relacionado às estratégias de negócios, notadamente na discussão que se fez, relacionada à competitividade e ao desenvolvimento de competências essenciais para o negócio.

33

Enquanto a operacionalização das ferramentas era basicamente desenvolvimento das funções clássicas da área de RH, voltadas para atender a alguma demanda da empresa, as capacidades estratégicas tinham como foco o estudo da cultura, das competências e do desenvolvimento do comprometimento dos empregados para que a empresa alcançasse seus objetivos.

A visão atual pressupõe que a área de RH desenvolva os processos inerentes a atração, provimento e retenção de pessoas; alinhamento, mensuração e remuneração alinhada à performance da empresa e dos empregados; controle de investimento em pessoas de acordo com as demandas da empresa (Gubman, 2004).

Assim, o foco das ações de RH é mutável. Pode variar de acordo com as alterações no cenário no qual a organização está inserida, o momento que atravessa e/ou o mercado em que atua.

Essa visão estratégica da área de Recursos Humanos é essencial para que uma empresa se expanda local e globalmente.

Globalização, tecnologia e mudanças sociais têm contribuído para a emergência de mercados e competidores, crescentes pressões de acionistas e desafios cada vez maiores em relação a custo, tempo de desenvolvimento de produtos e serviços e qualidade.

As funções de RH devem estar alinhadas ao propósito da organização, de modo a dar um suporte consistente à estratégia do negócio. Ashton *et al.* (2004) relatam uma pesquisa entre mil líderes mostrando que apenas 34% deles avaliavam a área como boa, embora 83% dissessem que ela era crítica para o sucesso do negócio. O estudo revela que CEOs e diretores de RH têm, na verdade, diferentes pontos de vista em relação às prioridades.

Esses mesmos autores apontam que o RH tem três capacidades chave que devem atuar de maneira simultânea para ajudar as empresas a serem competitivas: em primeiro lugar, distribuir os serviços relacionados a processos de RH, de modo que todos os empregados possam ter acesso aos canais internos ou externos a eles relacionados.

Em segundo lugar, estabelecer serviços de consultoria de gestão de RH que funcionem como parceiros para executivos, unidades de negócio e gestores de linha. Esse tipo de consultoria deve estar ligado a necessidades específicas, oferecendo serviços ligados às competências essenciais e aos aspectos de diferenciação que sejam chave para o negócio.

Em terceiro lugar, deve oferecer mais apoio e serviços estratégicos para a direção da organização. Esta terceira opção é vista pelos autores como o futuro que envolve significativas mudanças, que devem ser feitas na mesma velocidade e nas mesmas condições de custo exigidas para o negócio em si.

Entretanto, os mesmos autores propõem seis características para que a área de RH seja estratégica:

1. Foco na estratégia do negócio, baseada na compreensão do negócio em si;

2. Medidas de desempenho dos objetivos que sejam alinhadas aos objetivos do negócio;

3. Alta competência na análise de causa e efeito, priorização e

execução de programas da área, o que envolve habilidades analíticas;

4. Excelência em serviços de relacionamento e competências para desenvolver o nível de tecnologia da informação;

5. Atuação na estrutura da organização e no desenvolvimento de capacidades que estejam alinhadas a ambientes que exigem alto desempenho;

6. Oferta de gestão de relacionamentos de modo a equilibrar oferta, demanda e expectativas de clientes internos, escolhendo prioridades e alterando alvos, sempre que necessário.

Em outras palavras, é preciso que a equipe de RH pense como gestora do negócio, o que, segundo os autores, tradicionalmente não ocorre, uma vez que gestores de RH não adotam as crenças de executivos de outras áreas e não atuam como tal.

Vê-se na discussão acima que os gestores e áreas de RH precisam migrar de um modelo mais transacional para atuarem como parceiros estratégicos do negócio.

Isto leva a duas perguntas: como se sabe se uma empresa está caminhando nesse curso? Que ações específicas podem ser desenvolvidas para mudar de maneira mais eficiente e eficaz?

Robert Jake Jacobs (2004) oferece algumas questões para análise do quanto uma empresa está caminhando em direção à estratégia:

1. O gestor da área de RH está fortemente envolvido ou faz sólidas contribuições para as decisões relacionadas à estratégia do negócio? Os gestores de outras áreas veem a área de RH como

contribuinte de maneira efetiva para gestão de mudanças organizacionais?

2. A organização está preocupada em formar gestores que possam viabilizar, com qualidade, as ações de gestão de pessoas em suas áreas de atuação?

3. A agenda da área está alinhada às estratégias gerais do negócio?

4. A área participa de reuniões com o diretor geral para prover consultoria em relação às estratégias gerais da empresa, e não só às de RH?

5. A área de RH implementa mudanças com enfoques determinantes para ajudar a empresa a alcançar seus pontos críticos de sucesso?

A área de RH deve construir suas atividades em processos que suportem a execução dos demais processos organizacionais. Assim sendo, sua ação pressupõe a revisão contínua de suas atividades cotidianas e estratégicas por meio de três análises básicas, considerando fatores de impacto direto, mas entendendo que existem reflexos globalizados que afetam os mecanismos relacionados:

a) Qual o mercado em que a empresa está inserida (características de clientes, concorrentes, fornecedores, instituições de classe, instituições financeiras etc.)?

b) Qual o perfil da empresa (cultura, porte, produtos e/ou serviços, representatividade no mercado, finanças internas etc.)?

c) Qual o perfil do seu empregado (grau de qualificação, escolaridade, perfil socioeconômico etc.)?

Embora exista uma vasta literatura e muitos especialistas tratem do assunto, não há uma fórmula única de trabalho e atuação. Fatores inerentes à localidade também são de suma importância para o bom desenvolvimento do trabalho de gestão de pessoas.

Os gestores têm que lidar com o desafio de pensar globalmente e agir localmente, definindo assim a maneira pela qual irão apresentar os serviços prestados pelo RH e que foram definidos em âmbito estratégico. O modelo de atuação dependerá, fundamentalmente, do contorno cultural da organização.

Cada empresa desenvolve uma cultura organizacional própria, claramente identificada por seus empregados e que a distingue das demais empresas. Esta característica confere à organização uma identidade, quase uma marca, que facilita a comunicação entre os seus membros; reduz incertezas, uma vez que cada membro sabe o que dele se espera; cria ordem social, pelas normas vigentes; garante continuidade da identidade, pela difusão das crenças e valores por meio de cada geração que se sucede dentro da empresa; e, finalmente, possibilita comprometimento, pelo nível de identificação que cada empregado tem com os valores dominantes (Cameron e Quinn, 1999).

De maneira geral, pode-se afirmar que a visão estratégica de Recursos Humanos está calcada na ênfase que envolve ganhos em vantagem competitiva por meio da utilização eficiente, eficaz e efetiva de recursos internos da organização.

Os resultados esperados nesse processo serão vistos, na medida em que o colaborador tenha afinidade com os valores organizacionais, que os gestores sejam qualificados e desenvolvam suas atividades em parceria com o RH e que a organização tenha clareza sobre sua missão, seus propósitos, seus valores e objetivos gerais.

Além dessas questões, cabe ressaltar que todas as ferramentas de gestão de pessoas devem ser realizadas operacionalmente, ou seja, precisam ser conduzidas de forma clara, em consonância com os objetivos e metas operacionais, e devem ser pensadas estrategicamente, vinculadas aos objetivos gerais da empresa.

Recrutamento e seleção

Recrutamento

É fundamental desenvolver um modelo de ingresso de novos empregados, de forma a permitir que os admitidos se ajustem à estrutura corporativa, integrando-se ao modelo cultural vigente.

Os colaboradores das empresas familiares conhecem a diferença que o controle familiar faz em suas vidas profissionais, em suas carreiras e na organização como um todo. Por isso, é necessário que o processo de recrutamento e seleção seja o mais ajustado possível ao modelo corporativo. As ferramentas utilizadas devem maximizar os resultados esperados, de maneira a racionalizar todo o processo e permitir que o funcionário certo esteja inserido no cargo mais vinculado ao seu perfil.

Vamos entender então as bases para o recrutamento e a seleção.

Recrutamento é definido como um processo de atração de candidatos qualificados. Sua execução é uma operação, porém deverá estar vinculada à estratégia organizacional.

Para ficar mais claro, façamos uma distinção entre os reflexos do recrutamento no contexto operacional e estratégico:

a) Operação – é quando há o anúncio da vaga, por qualquer meio utilizado pela organização.

b) Estratégia – é quando o recrutamento atrai candidatos qualificados, e que possam cumprir os resultados necessários à empresa, quando de sua atuação no cargo.

Exemplo de um período de recrutamento de temporários:

- Operação – a divulgação das vagas por meio de agências de emprego;

- Estratégia – contratar um grupo de funcionários, para atender a uma demanda específica e desenvolver a seleção durante um período de realização das atividades profissionais. Isso minimiza o risco de contratar o perfil errado, proporciona treinamento antes da contratação efetiva, atende adequadamente à demanda sazonal e minimiza custos, ou seja, gera vantagem competitiva.

Assim, conclui-se que o recrutamento tem início no planejamento e se desdobra na operação.

Para garantir que a operação seja eficiente, cabe avaliar os mecanismos de busca de candidatos, ou seja, a natureza do recrutamento:

a) Recrutamento interno: ocorre quando a captação de candidatos é feita dentro da empresa. O objetivo é mover o empregado horizontalmente ou verticalmente. É um fator motivador, pois o colaborador pode identificar a possibilidade de crescimento profissional na mesma empresa. Permite que haja maior empenho e envolvimento do funcionário, de forma que ele consiga galgar postos de trabalho hierarquicamente mais altos. Tem a vantagem de garantir que o empregado se adapte mais rapidamente ao novo cargo, pois já entende a vivência e a cultura da organização. Além disso, propicia uma análise de seu desempenho por parte do novo gestor, visto que o candidato já atua na empresa.

b) Recrutamento externo: ocorre quando há uma busca de candidatos externos à empresa. O custo deste tipo de recrutamento é mais alto: pode ser necessário o uso de consultorias e/ou veículos de comunicação e, além disso, a adaptação do empregado no cargo é mais demorada. Porém, o recrutamento externo tem grande eficácia quando a organização quer desenvolver novos padrões de ação, mudanças organizacionais, ou modelos de comportamento diferentes daqueles praticados na organização. O recrutamento externo permite uma "oxigenação" da empresa, por meio da inclusão de pessoas que não possuem os "vícios" da organização.

Parece óbvio que a empresa, à medida que contrata alguém, deva ter livre arbítrio no momento de demitir, caso este colaborador não dê o resultado esperado. Porém, alguns problemas podem ocorrer neste sentido:

1. Em caso de empresa familiar, parentes podem ser contratados e, caso se cogite em demiti-los, poderá haver uma ruptura familiar;

2. Se a indicação partir de um grande cliente ou fornecedor, difi-

cilmente a empresa que contratou terá plena liberdade de demitir sem causar algum desconforto.

Embora os problemas acima citados sejam os mais comuns, outras situações desagradáveis podem ocorrer. Cabe à empresa avaliar as situações de risco.

Seleção

Seleção é o processo de escolha a ser realizado pela organização, ou por uma empresa especializada (agência).

O processo seletivo pode ser realizado por meio de:

1. Análise de currículos: neste caso, o que deve ser avaliado são as características básicas explicitadas pelo candidato. Trata-se de um processo de pré-triagem, desenvolvido para que os candidatos mais adequados à vaga sejam chamados para os testes ou entrevistas;

2. Testes de conhecimento: são aplicados para observação de aspectos vinculados a linguagem escrita e argumentação verbal, lógica, línguas, capacidade analítica acerca de diversos temas que sejam necessários para ocupação do cargo. São aplicadas provas que possam mensurar competências essenciais ao pleno exercício das funções do cargo;

3. Dinâmica de grupo: tem por objetivo avaliar as reações comportamentais de um candidato diante de um grupo, que são resultado de estímulos que os coordenadores imprimem aos participantes;

4. Entrevista de seleção: é a ferramenta que permite ter um con-

tato direto e, quase sempre, face a face entre entrevistador e entrevistado.

É indispensável que o entrevistador domine as características da organização e seus pressupostos fundamentais, além de ter um bom conhecimento sobre a vaga a que o candidato concorre. O entrevistador deve ser qualificado, a fim de que a coleta de dados sobre o candidato seja eficiente e eficaz.

Independentemente do estilo do entrevistador, a entrevista não pode ser considerada "bate-papo", em virtude do risco de se perder dados por conta de divagações ou desvios comuns a esse tipo de conversa.

Normalmente, a entrevista é a ação definitiva no processo de escolha. É o passo em que se determina qual candidato será escolhido para o cargo. É indispensável qualificar ao máximo o entrevistador, quer seja o gestor ou mesmo um profissional da área de RH. Isso porque, caso o colaborador não seja o mais adequado ao cargo, haverá um aumento de custo pela rotatividade ou pela necessidade de alongar o período de treinamento para que o profissional comece a ter resultados efetivos na condução de suas atividades.

Qualificação – treinamento e/ou desenvolvimento de pessoas

As empresas familiares, assim como as demais empresas, devem primar pela capacidade de desenvolver e disseminar conhecimentos. Alguns dos maiores pensadores em administração afirmam que as ações organizacionais estão mais focadas em captar informação e transformá-la em conhecimento aplicado à realidade organizacional, a partir das necessidades dos clientes e do *know how* de sua rede de relacionamentos.

O processo de qualificação profissional não pode estar baseado somente nas questões que envolvam treinamento técnico, mas também no que tange à educação corporativa, ou seja, disseminar a cultura da organização e incutir no funcionário as diretrizes básicas de comportamento, estruturadas a partir dos valores da empresa. Em se tratando de empresas familiares, os valores estabelecidos pelo fundador definem a identidade da organização na localidade em que atua.

As funções de treinamento e desenvolvimento têm um papel essencial no crescimento de uma organização. Vários estudos mostram isto. Pettigrew *et al.* (1988), por exemplo, já discutiam, há mais de trinta anos, que a função do treinamento poderia ir além da promoção da qualificação técnica ou do desenvolvimento de capacidades alinhadas ao mercado. Para esses autores, há quatro aspectos relacionados ao crescimento da atividade de treinamento e desenvolvimento em uma empresa:

1. Fatores estratégicos – há que se identificar: até onde a empresa deseja evoluir, quais os parâmetros utilizados nesta evolução e que qualificação será requerida do empregado para atingir os objetivos e direcionamentos esperados. Os fatores estratégicos relacionam-se, principalmente, às mudanças tecnológicas ou às mudanças que ocorrem no mercado e que provocam deficiências de habilidades. Isto é especialmente sério em empresas com base tecnológica, nas quais treinamento em alto nível

muitas vezes é uma das únicas opções viáveis para a empresa manter competitividade.

2. Política e personalidade da empresa – a política define as bases que permeiam a estruturação de ações para que se possa realizar a tarefa de treinamento e desenvolvimento. A política está respaldada pelo perfil organizacional, que é a personalidade impressa dentro e fora da empresa. Por exemplo: empresa inovadora, empresa formal e burocratizada, empresa informal e moderna. Com base neste perfil, o modelo de desenvolvimento e de qualificação será transmitido ao corpo organizacional e manterá a imagem construída interna e externamente.

3. Restrições de tempo – envolvem a urgência da qualificação do profissional. Em muitos casos, os treinamentos ou os programas de desenvolvimento são elaborados a partir de um modelo planejado para seis meses ou até um ano de programação. Porém, caso haja alguma necessidade urgente, a formatação das atividades vai obedecer a uma nova dinâmica de elaboração e implantação. Esse aspecto refere-se mais a questões operacionais do que estratégicas, pois envolve ações de apoio para cobertura temporária de postos de trabalho, uma barreira frequentemente apresentada pelos gestores de linha.

4. Mobilização para mudança – os autores citados comentam sobre a necessidade de alinhamento dos programas de mudança propostos pela área de RH e as demandas por mudanças nas demais áreas da empresa.

Treinamento

O treinamento é fundamental para que haja desenvolvimento. Cabe então uma distinção de conceitos:

- Treinamento é o processo de aprendizagem inerente às atividades exercidas pelo funcionário e vinculadas ao cargo que este ocupa. Normalmente é de curta duração e focado em questões pontuais ao trabalho realizado.

- Desenvolvimento é um processo de qualificação contínua. É o conjunto de experiências obtidas ao longo da vida profissional, não necessariamente restritas ao cargo ocupado, mas que permitem crescimento e desenvolvimento de carreira. É realizado em longo prazo, servindo como parâmetro na qualificação de um sucessor. Logicamente, é necessário estabelecer treinamento para aprimoramento das habilidades, mas o objetivo final é o desenvolvimento.

Visto que os processos de treinamento e desenvolvimento são os mais caros entre as atividades de RH, estabelece-se a necessidade de programar estratégias que permitam analisar se o investimento efetivamente terá um retorno face às expectativas e necessidades dos clientes internos e do mercado.

Antes da realização do treinamento é necessário fazer diagnósticos:

a) Análise das demandas do mercado, com o intuito de avaliar o ambiente em que a empresa está inserida e ajustar a qualificação interna para não perder competitividade;

b) Análise do ambiente interno da empresa, de forma a identificar as distorções no modo de condução das atividades ou ainda a necessidade de alinhar o padrão de comportamento dos colaboradores, de acordo com o direcionamento organizacional desejado.

c) Perfil do colaborador: entender quem são os colaboradores, qual a formação e o tipo de atividade realizada, qual o *gap* entre a qualificação real e a ideal em relação ao trabalho que realizam.

Em se tratando de gestores e herdeiros de empresas familiares, é necessário que o processo esteja respaldado em treinamento com vista ao desenvolvimento profissional. Quanto mais cedo ocorrer, maior sua integração com a empresa e maior a aprendizagem obtida. Esse suporte é necessário para que a ação de gerenciamento do negócio seja respaldada no conhecimento do todo organizacional e baseada na cultura e nos valores da empresa.

Mas como fazer para verificar se o investimento em desenvolvimento de pessoas representa uma estratégia de intervenção efetiva para a aprendizagem organizacional, tema essencial quando o assunto é competitividade?

Berry e Grieves (2003) apontam que o caminho para tal verificação está na extensão em que esse investimento é capaz de promover a transferência de aprendizagem, desenvolver a capacidade de treinamento e encorajar o desenvolvimento de um RH estratégico. Para os autores, a transferência de aprendizagem é avaliada pela capacidade que as pessoas têm de transferir para suas situações reais de trabalho o que aprenderam em programas de treinamento.

A capacidade de treinamento é vista como a habilidade que as organizações têm para promover, desenvolver continuamente e sustentar as habilidades para aprender e criar novos conhecimentos aplicáveis. Essa capacidade é uma mistura de recursos aplicados pela organização para alcançar um determinado fim, e o desenvolvimento de competências essenciais à empresa que garantam a ela vantagem competitiva.

Quanto ao desenvolvimento de um RH estratégico, os autores apontam que este se relaciona à capacidade que a organização tem de operacionalizar sua missão por meio de fatores de sucesso críticos; de criar indicadores de desempenho da área que sejam adequados; de desenvolver habilidade para fazer diagnósticos; de aplicar conhecimentos no processo de transformação cultural; de aplicar competências para relacionar o processo de mudança em curso com o processo planejado. Segundo os autores, todas estas ações, embora não exatamente alocadas na área de RH, dependem do seu suporte para que a vantagem competitiva se consolide.

Cabe ressaltar que o treinamento deve ser complementado com as demais atividades de recursos humanos, ou seja:

1. Bom recrutamento e seleção, para que a empresa tenha material humano qualificado para absorver o investimento do treinamento, além de obter retorno de produtividade e lucratividade;

2. Bom sistema de remuneração (salário + benefícios), para reter os colaboradores, principalmente os mais talentosos e que geram vantagem competitiva para a empresa, por meio de seu desempenho diferenciado. A remuneração deve ter para a em-

presa uma relação de custo/benefício, ou seja, pagamento mediante exigência de aprimoramento contínuo e de resultado efetivo do trabalho do empregado. Um dos grandes dilemas do empregador é: qualificar e perder o empregado para o concorrente, ou não qualificar e ter resultados aquém do necessário ou desejado. Como a desqualificação do empregado gera pouco retorno para a organização, uma das formas de minimizar a rotatividade é por meio de uma remuneração que seja competitiva em relação às práticas de mercado.

3. Boa metodologia de avaliação de desempenho, para que a empresa mensure se o empregado evoluiu em sua produtividade, frente à qualificação oferecida.

Todas as atividades de gestão de pessoas são interdependentes. Não há como desenvolver excelência em apenas uma delas, desconsiderando todas as outras. É um processo sinérgico.

Formação de sucessores

A sucessão é considerada tão importante que alguns autores definem empresa familiar como potencial para sucessão. Ela seria, então, uma empresa cujo controle e gerenciamento seriam passados para a próxima geração da família.

Um dos problemas da sucessão é que dificilmente uma empresa cresce no ritmo da família que a controla. Se dois irmãos fundadores de um negócio bem-sucedido tiverem quatro filhos cada um e seus descendentes mantiverem o ritmo de reprodução, a quarta geração contará com 168 integrantes.

No Brasil, o aumento das discussões sobre a questão do planejamento patrimonial de sucessão resulta de pelo menos cinco causas:

1. O fim da geração de empreendedores que acumularam seu patrimônio durante e logo após o ciclo substitutivo de importações de 1950 e 1960;

2. A intensa transformação dos padrões de relacionamento familiares e interpessoais que afetam herdeiros e sucessores;

3. A crescente internacionalização ou globalização de negócios e investimentos;

4. A ausência de provisões e veículos legais que permitam clara separação entre propriedade e administração da propriedade;

5. A série de equívocos, interrupções e insucessos em casos de sucessão que se tornaram públicos.

Os estudos vinculados à sucessão familiar podem ser divididos em cinco principais vertentes:

1. Sucessão como um processo;

2. Papel do fundador;

3. Múltiplos níveis de análise;

4. Caracterização de sucessões eficazes;

5. Perspectiva da próxima geração.

Para garantir que o processo sucessório seja adequado e eficaz, é necessária a existência de um processo de gestão do conhecimento organizacional que justifique não apenas as ações de treinamento, mas, fundamentalmente, a educação corporativa do herdeiro, a partir da identificação de aptidões para que ele possa ocupar o cargo de gestor mor.

Para entendermos melhor as ações de gestão do conhecimento, é necessário apresentar os tipos de conhecimento disponíveis para a organização:

a) Conhecimento tácito – adquirido a partir de experiências pessoais; não formalizado; de difícil transferência, pois está baseado na percepção do indivíduo.

b) Conhecimento explícito – conhecimento organizacional; formalizado por meio de manuais, materiais didáticos (treinamentos); regimento interno, entre outros. É de fácil transferência.

O sucessor frequentemente é formado a partir do conhecimento tácito do fundador, o que se traduz, muitas vezes, em problemas de compreensão, pois não houve a vivência da realidade experimentada pelo empreendedor do negócio.

Os modelos de conversão do conhecimento podem ser traduzidos da seguinte forma:

- Socialização – tácito para tácito: observação, imitação da prática; experiência compartilhada.

- Combinação – explícito para explícito: ajuste de processos, sistemas de computadores; reconfiguração das informações.

- Internalização – explícito para tácito: ampliar, estender e reformular o conhecimento tácito – aprendizagem.

- Externalização – tácito para explícito: abordagem inovadora, utilizando as experiências pessoais que resultaram positivamente em conhecimento para toda a organização.

Quando se trata do processo sucessório, o modelo para transferir conhecimento do fundador para seu sucessor é, basicamente, o da socialização. Esse é o processo responsável pela transferência de conhecimentos e valores necessários à convivência social.

Para garantir uma boa sucessão e o crescimento da empresa familiar, é necessário haver coerência entre o tipo de socialização desses herdeiros e os valores que os fundadores desejam transmitir para a próxima geração.

Duas fases estão presentes em todos os processos de socialização:

- Uma primeira, de socialização familiar, comum a todos os descendentes dos fundadores, quando há uma transmissão de valores e conhecimentos;

- E uma segunda, de socialização nos negócios, reservada apenas aos potenciais sucessores do fundador.

A socialização familiar ocorre ainda na infância e envolve a transmissão dos valores que delineiam o caráter do indivíduo. Nessa fase, o tipo de socialização é diretamente influenciado pela escolha da educação formal e pelas experiências emocionais vividas pela família.

Dependendo do estilo do fundador, a escolha dos valores a serem perpetuados varia fortemente. Assim, fundadores estrategistas desejam perpetuar a ideia do negócio como um fim em si mesmo e a autorrealização como um valor fundamental.

Remuneração nas empresas familiares

Não se pode misturar a questão salarial com a distribuição de rendas entre herdeiros. Estas duas formas de remuneração podem ser estruturadas e formalizadas por meio de ações vinculadas a Governança Corporativa e planejamento sucessório.

Com o planejamento sucessório e programa de Governança Corporativa, é possível remunerar de forma a garantir a equidade, a transparência e a adequação dos valores ao perfil do cargo. É importante, também, considerar que, durante o processo de formação do sucessor, deverão ser levados em conta a função e o cargo que ele ocupa. Cabe ressaltar que as regras de remuneração de sócios e sucessores devem ser claras, o que reduz os desgastes nos relacionamentos entre cônjuges, filhos e demais parentes.

O parente que está na empresa tem um cargo, portanto deverá ter um salário. Um problema muito comum nas empresas familiares é que filhos, sobrinhos ou agregados trabalham, mas o valor de salário não é fixo e se retira o que for necessário do caixa da empresa. Esta prática descapitaliza a organização e diminui a transparência no processo de remuneração, podendo gerar sérios conflitos entre parentes.

Sejam os funcionários membros da família ou não, o formato de compensação e remuneração aplicado à empresa deve obedecer às seguintes regras:

a) A remuneração deverá atender às exigências legais, definidas por meio da legislação trabalhista, convenção sindical e/ou acordo coletivo de trabalho. Considerações: piso salarial da categoria, benefícios obrigatórios.

b) A remuneração precisa ser estruturada de forma a atender a competitividade externa. Deve ser feita uma análise do mercado em que a empresa está inserida, para identificação das formas de pagamento praticadas, dos valores e dos tipos de benefícios oferecidos aos profissionais externos à organização, bem como do modelo de remuneração aplicado pela concorrência.

c) Mesmo que esteja equiparável às práticas de mercado, é necessário que haja um ajuste interno, de forma que a remuneração, quando planejada, atenda às exigências orçamentárias, às políticas salarial e de recursos humanos praticadas.

d) Além da observação dos requisitos internos e externos, é importante considerar, na elaboração da política de remuneração da empresa, a identificação de quais são os fatores exigidos para a manutenção e, consequentemente, para a remuneração do empregado. Alguns aspectos devem ser considerados, a saber: experiência, desempenho e mérito. Estes fatores correspondem à contribuição do empregado para o desempenho organizacional.

Relações com os empregados

Os empregados das empresas familiares são, via de regra, fiéis às suas corporações. Existe um grande contingente de profissionais nessas empresas que são considerados como parte da família. A estabilidade com que administram seus empregados é vista por eles como uma característica positiva dessas empresas.

Porém, é necessário que se estabeleça um programa de relação com empregados que permita desenvolver um compromisso efetivo entre o empregador e seus colaboradores, e vice-versa. Ou seja, tudo aquilo que diz respeito a regras de conduta, padrões e normas de comportamento, além de um suporte vinculado à qualidade de vida no trabalho, deve ser assumido como conduta por parte dos funcionários.

Sobre este tema, é interessante a contribuição de Poelmans *et al.* (2003) quando levantam a questão de políticas de Recursos Humanos voltadas para a adoção de práticas que sejam *family-friendly*, ou seja, práticas que possibilitem a melhora da relação entre empregado e família.

Tais práticas estão relacionadas à adoção de regimes de trabalho com horários flexíveis, trabalho em ambiente virtual, disponibilização de creches, suporte à senioridade, licença para cuidar de pessoas enfermas que sejam da família, licenças não remuneradas, acompanhamento psicológico e suporte a funcionários expatriados.

Os objetivos dessa política estão relacionados à inclusão de mulheres na força de trabalho, diminuição do absenteísmo de maneira geral e aumento do comprometimento dos empregados. O estudo mostra que a adoção de práticas dessa natureza contribui para o aumento da força de trabalho feminina e do comprometimento dos funcionários como um todo e, fundamentalmente, para a retenção de pessoas chave na empresa.

Mensuração de resultados

Em se tratando de empresas familiares, é comum observar a permanência de colaboradores que tenham evoluído muito pouco profissionalmente, mas que de alguma forma continuam na organização, não por sua competência, mas porque se tornaram, depois de longo tempo de convívio, parte da família e homens de confiança.

Será necessária a inclusão de mecanismos de avaliação de desempenho nas organizações?

McLean (2005) define avaliação como um conjunto de atividades planejadas, voltadas para a captação de informações analíticas consideradas necessárias para fornecer, aos responsáveis pela gestão, uma avaliação satisfatória do progresso dos empregados.

A avaliação de desempenho deve estar calcada em:

a) *Feedback* periódico do gestor: é necessário que haja um contínuo processo de sinalização da chefia imediata para o seu subordinado. É importante que o funcionário saiba o que seu superior pensa a respeito de seu trabalho e dos resultados que obteve.

b) Avaliação de desempenho formal: estruturada em formulário próprio, que permita o acompanhamento da performance do colaborador, por meio de um instrumento institucionalizado, e que promova a análise periódica de seu desempenho.

A avaliação de desempenho deverá ocorrer da maneira menos parcial possível. A empresa e o RH deverão monitorar a performance do colaborador, de maneira a entender os resultados alcançados por ele ao longo dos anos, bem como a evolução que teve no seu desenvolvimento profissional. Estes dados não podem ser manipulados pelo gestor, pois poderão afetar as ações relativas ao funcionário, tais como:

- Promoções;
- Remuneração variável;
- Qualificação e formação de liderança;
- Formação de equipes;
- Remanejamento de postos de trabalho;
- Autoconhecimento;
- Melhoria do desempenho;
- Desenvolvimento profissional.

Independentemente das métricas adotadas, a mensuração de resultados é um importante fator para avaliação do alinhamento da área de RH à estratégia da empresa, uma vez que permite que os resultados sejam compartilhados dentro da organização, além de prover evidências da contribuição da área.

Apesar de haver diferenças de concepção entre autores, há concordância de que a área de RH é fundamental para o sucesso futuro da organização e de que nos últimos anos o foco alterou-se de modo radical em direção à necessidade de justificar a contribuição direta para a realização das estratégias do negócio (Smilansky, 1997).

É preciso lembrar que, para uma empresa ser eterna, o primeiro passo não é contratar administradores profissionais que não pertençam à família. O fundamental é a atitude que a família assume diante da profissionalização.

Todas as ações corporativas são reflexos dos colaboradores que atuam na empresa e, principalmente, da forma como os gestores administram suas equipes.

O fato é que as empresas familiares existem e continuarão existindo. Assim, é importante pensarmos em como ajudá-las a se tornarem mais fortes, saudáveis e profissionalizadas, desfazendo o processo empírico de administrar os negócios da família.

As ferramentas de Gestão de Pessoas podem tornar a administração dos recursos humanos dessas empresas um processo menos amador e mais adequado aos resultados exigidos pelo mercado.

Em um universo tão conturbado quanto as empresas familiares, é comum observar sobreposições de papéis, favoritismos, excesso de controle, de confiança e de segredos, envolvendo tanto os diversos grupos familiares, quanto os profissionais que com eles trabalham mais diretamente.

Como resultado, tem-se a ausência de qualquer conceito de Governança Corporativa, com uma mentalidade totalmente distorcida e não direcionada a resultados efetivos, do ponto de vista empresarial.

As ferramentas de Gestão de Pessoas são mais efetivas, do ponto de vista da empresa familiar, na medida em que se adota uma postura de transparência e prestação de contas entre os sócios. Isto pode evitar problemas comuns entre as organizações de natureza familiar, que são:

- Paternalismo nas relações com os colaboradores, principalmente se estes forem parentes;

- Falta de uma gestão focada em resultados efetivos;

- Conflitos entre parentes nas dependências da empresa;

- Acomodação por parte dos colaboradores, que veem a empresa como um local "seguro", entendendo que "nunca" serão demitidos.

Cabe ressaltar que os princípios de Governança Corporativa, explicados no próximo capítulo, minimizam tais problemas.

Capítulo 4

A GOVERNANÇA CORPORATIVA E SUA ESSÊNCIA

Nas empresas familiares, a sucessão é o ponto mais crítico e o que impacta mais fortemente na perpetuidade do negócio. O processo sucessório é sempre mais efetivo na medida em que o fundador formaliza seus parâmetros e as regras que o respaldarão. Portanto, o primeiro passo para uma boa sucessão é a Governança Corporativa.

Muitos empresários podem pensar que a implantação de uma estrutura de Governança não é aplicável a um negócio de pequeno porte. Porém, independentemente do seu porte, os princípios que norteiam a transparência por meio da prestação de contas podem e devem ser adotados pelas empresas e pelos empreendimentos familiares.

É de fundamental importância que se compreendam os princípios e o que sustenta as Boas Práticas de Governança Corporativa. É o que veremos a seguir.

Governança Corporativa

A Governança Corporativa está calcada em um conjunto de práticas, normas e instrumentos que regulam relacionamentos entre acionistas/cotistas, Conselho de Administração, Diretoria, e no caso das empresas de capital aberto, auditoria independente.

A Governança Corporativa compreende a estrutura de relacionamentos e correspondentes responsabilidades de acionistas/cotistas, conselheiros e executivos. Há um compromisso entre as partes relacionadas anteriormente, de forma a atuarem para permitir que estratégias organizacionais sejam definidas e seguidas pelos gestores, com vistas a alcançar bom desempenho econômico.

Segundo o IBGC (Instituto Brasileiro de Governança Corporativa), Governança Corporativa pode ser definida como a maneira pela qual as sociedades são dirigidas e monitoradas, envolvendo os relacionamentos entre acionistas/cotistas, Conselho de Administração, Diretoria, auditoria independente e Conselho Fiscal. O instituto defende, ainda, que as boas práticas de Governança Corporativa têm a finalidade de aumentar o valor da sociedade, facilitar seu acesso ao capital e contribuir para a sua perenidade.

Os princípios da boa governança vêm sendo muito debatidos no Brasil nos últimos anos, principalmente em virtude dos escândalos de corrupção que assolaram o país. Grandes empresas nacionais, cujas bases de transparência e ética eram alardeadas ao mercado, e com as quais mantinham a confiança de consumidores, fornecedores, acionistas e da comunidade em geral, se viram em meio a situações que afrontavam, de forma determinante, a Governança Corporativa.

Este fato fez com que muitos questionassem a eficácia da governança. Porém, não há como negar que possuir uma prestação de contas eficiente, eficaz e efetiva é o ponto nevrálgico para a manutenção da harmonia entre parentes que atuam em um negócio de família. A desconfiança e as disputas pelo poder são as maiores causas de mortalidade das empresas familiares, conforme já abordado.

Assim sendo, a Governança Corporativa é valor, apesar de, por si só, não o criar. Isto somente ocorre quando, ao lado de uma boa governança, temos também uma gestão organizacional competente. Neste caso, a boa governança permitirá uma administração ainda melhor, em benefício de todos os acionistas/cotistas e daqueles que estão vinculados à empresa.

Empresas em geral, incluindo as familiares, devem ser administradas por quem entende de gestão: o administrador, quer seja ele membro da família ou não.

Cada empresa tem sua metodologia de trabalho e cultura própria, sendo necessário cultivar e respeitar a cultura que a direcionou rumo ao sucesso.

Quando um empreendedor inicia um negócio, leva consigo julgamentos que consolidou ao longo de sua vida e acabam por se tornar norteadores de comportamentos em sua empresa, tais como ética, lealdade e confiabilidade.

Quando a empresa é familiar, os valores da família são repassados para a organização. O que se espera é que os valores e o contorno cultural sejam mantidos e as ações, modernizadas ao longo do tempo, como forma de adaptação ao mercado em que a organização atua.

O processo de Governança Corporativa está calcado no fato de que toda e qualquer organização, familiar ou não, seja regida por um mecanismo de transparência e confiabilidade em sua gestão, que permita que os valores fundamentais da dinâmica empresarial não sejam corrompidos ao longo do tempo.

A formatação jurídica

Considerando que a Governança Corporativa é um sistema de regras de natureza procedimental, de cunho ético e moral, sua efetivação dependerá da adesão de todos os personagens de uma empresa às normas comportamentais e funcionais estabelecidas.

A Organização para Cooperação e Desenvolvimento Econômico (OCDE) estabeleceu uma lista de Princípios de Governança Corporativa e tem promovido com frequência, em diversas partes do mundo, discussões e avaliações acerca de temas vinculados à boa governança.

Nos últimos anos, no Brasil, o tema da Governança Corporativa tem despertado interesse crescente. Deve ser lembrado que Governança Corporativa é o conjunto de mecanismos adotados com o objetivo de assegurar que os gestores alocarão os recursos de forma a atender os interesses dos acionistas, ou seja, práticas de administração mais justas e transparentes com os minoritários.

O controle dos acionistas/cotistas sobre a gestão, de forma a assegurar os seus interesses e diminuir os conflitos entre os diversos agentes presentes na empresa, tem motivado um grande número de estudos sobre os instrumentos envolvidos nas boas práticas de governança: o Conselho de Administração, constituído por meio de um estatuto com regras claras; o acordo de sócios, que estabelece as normas de atuação estratégica da empresa; e o código de conduta, que norteia os comportamentos dos sócios e as ações dos gestores.

Em um ambiente competitivo de negócios, o Conselho de Administração assume grande relevância no desenvolvimento da gestão corporativa, tendo papel decisivo na sobrevivência da empresa e na conquista de novos mercados.

A preocupação com a transparência das informações, bem como com a responsabilidade dos executivos, tem sido motivo de crescente interesse por parte dos investidores. No Brasil, os escândalos que abalaram o mercado reforçam a necessidade de prestação de contas fidedignas.

Neste cenário, torna-se ainda mais importante o papel de monitoramento desempenhado pelos conselheiros nas empresas, fazendo com que este assunto seja de extrema relevância e interesse no mercado financeiro e de capitais.

A forma como o acionista pode assegurar o retorno de seus investimentos nas empresas e monitorar o gerenciamento dos recursos respalda o conceito de Governança Corporativa. Empresas com boas práticas de governança tendem a ser beneficiadas com o fluxo favorável de recursos disponibilizados por investidores em geral, uma vez que oferecem mecanismos de controle que permitem maior tranquilidade do investidor na busca do retorno para seus investimentos.

A importância da Governança Corporativa nas empresas familiares

A prática dos princípios de transparência, equidade e responsabilidade pelos resultados perante os fundadores, sócios e herdeiros ajuda a evitar consequências desagradáveis geradas por muitos conflitos típicos de empresas familiares ao longo do tempo. Estima-se que mais de 80% das empresas enfrentem problemas dessa natureza.

A falta dos valores de Governança Corporativa é o fator que mais potencializa os conflitos, e muitas vezes põe em risco a própria sobrevivência das empresas de natureza familiar, justamente pela falta de transparência e uniformidade de entendimento do negócio pelos familiares que estão fora da administração da empresa.

Os conflitos são gerados por alguns fatores, tais como: o tratamento distinto entre os familiares com direitos iguais e a falta de responsabilidade pelos resultados por parte daqueles que estão na administração da empresa frente aos que não estão. Estes pontos, em muitos casos, comprometem a continuidade do negócio.

Fazendo uma recapitulação dos princípios básicos de Governança Corporativa, podemos traduzi-los como sendo: transparência, equidade e prestação de contas.

Além da ética, as boas práticas de Governança Corporativa têm a finalidade de preservar e aumentar o valor da sociedade, facilitar seu acesso ao capital e contribuir para sua perenidade, conforme vimos anteriormente. Sem uma boa governança, a tradição e a solidez viram pó ou, pelo menos, há significativo prejuízo de imagem e confiabilidade do mercado. Basta olhar casos como os da Enron ou do Banco Barings e, mais recentemente, no Brasil, de Odebrecht, Petrobras, Camargo Correa, entre outras empresas.

Como dissemos, a empresa que opta pelas boas práticas de Governança Corporativa adota como linhas mestras transparência, prestação de contas e equidade. Para que esses aspectos estejam presentes em suas diretrizes de gestão, é necessário que o Conselho de Administração, representante dos proprietários do capital (acionistas/cotistas), exerça seu papel na organização, que consiste especialmente em estabelecer estratégias para a empresa, eleger a Diretoria, fiscalizar e avaliar o desempenho da gestão.

É imprescindível uma gestão transparente, com respeito e responsabilidade. O respeito relacionado à dinâmica gerencial está calcado no fato de, obrigatoriamente, a empresa ter que pensar nos acionistas/cotistas em seu processo de tomada de decisões estratégicas, inclusive no momento de escolha do diretor e demais executivos.

Algumas questões a serem observadas:

a) Os direitos dos sócios precisam ser garantidos. Cabe lembrar que herdeiros devem estar a par das ações da empresa, pois serão sócios futuramente.

b) O Conselho de Administração deve respaldar as ações estratégicas da empresa. Nada é tão estratégico quanto a continuidade dos negócios, ou seja, a sucessão é um dos fatores mais cruciais para a manutenção da empresa no mercado.

c) Muitos relatórios financeiros são limitados, e os números podem ser facilmente manipulados. Com a adoção de boas práticas de Governança Corporativa, a confiança nos números, que são respaldados por práticas éticas, minimiza conflitos e pode abrir as portas para investidores.

d) A qualidade da administração da companhia, não raro, é mais importante do que questões financeiras nas decisões sobre investimentos.

O modelo empresarial brasileiro tem sido marcado pela participação de investidores institucionais, pela fragmentação do controle acionário e pelo foco na eficiência econômica e transparência de gestão.

Há vários fatores de pressão em favor dessas mudanças:

- O movimento internacional de fusões e aquisições;
- O impacto da globalização;
- Necessidades de financiamento, principalmente em virtude do custo do capital oriundo de instituições financeiras;
- A postura mais ativa de atuação dos investidores institucionais nacionais e internacionais.

Como há impactos que podem ser destrutivos para muitas organizações, tornou-se fundamental definir qual seria o papel dos gestores estratégicos nas corporações. São eles que fazem a diferença entre estratégias vencedoras ou não, pois mapeiam cenários no mercado. Com base na estrutura interna, definem o rumo que a empresa seguirá.

A partir desse direcionamento, entende-se que faz parte das funções desses gestores estabelecer controles internos capazes de garantir que as informações necessárias cheguem às mãos dos administradores sem distorção, oferecendo assim o suporte necessário para a tomada de decisão. Voltamos à necessidade de gestores competentes, ou seja, os gestores membros da família precisam ter comprovada qualificação para administrar os negócios da família, e devem ser fiscalizados pelo Conselho de Administração, composto pelos sócios.

O Conselho de Administração

Embora o Conselho de Administração tenha funções específicas, que serão vistas neste capítulo, entende-se que a sua função principal é servir à organização. Para que uma organização funcione bem, é importante que todas as partes interessadas compreendam as suas funções. As partes interessadas são o Conselho de Administração, os conselheiros, os gestores e demais colaboradores.

As ações do Conselho de Administração são desenvolvidas para promover o direcionamento estratégico da empresa, enquanto gestores e colaboradores devem atuar para a operacionalização dos direcionamentos do Conselho, cumprindo as suas diretrizes e a missão da organização.

As pessoas, frequentemente, concordam em se tornar membros do Conselho de Administração sem compreenderem qual será a sua função. Elas só descobrem quais são suas atribuições depois de participarem de algumas reuniões. Se os membros compreendessem a sua função completamente antes de assumirem o seu cargo, sua contribuição poderia ser mais assertiva desde o início.

Os membros do Conselho de Administração são considerados pessoalmente responsáveis pela estrutura organizacional. Portanto, se a organização fracassar e dever dinheiro, os próprios membros terão de pagar a dívida. Isto é benéfico porque aumenta o "dever de diligência", ou seja, motiva-os também a considerarem as questões por completo, antes de tomarem decisões.

Todos os membros do Conselho de Administração possuem funções a desempenhar no sentido de nortear a organização:

a) Desenvolver os rumos estratégicos da organização;

b) Proteger o *status* legal da organização;

c) Orientar a conduta da diretoria;

d) Fiscalizar as ações desenvolvidas na empresa;

e) Participar das reuniões do Conselho;

f) Ler todos os documentos que circulam antes das reuniões do Conselho;

g) Tomar decisões por meio de votações;

h) Manter-se atualizado sobre as questões que a organização está procurando resolver, sobre os números da empresa e sobre sua posição no mercado;

i) Representar e falar em nome da organização em público, quando necessário.

Um Conselho de Administração deve ter alguns cargos de responsabilidade oficiais para funcionar bem: em geral, são os de presidente, vice-presidente e secretário.

O Conselho de Administração também é responsável por recrutar, apoiar e avaliar o diretor geral. Quando um diretor é sócio e membro do Conselho, o presidente pode ser o fiel da balança e trazer maior clareza acerca do papel de estrategista e operacional, assumido por um sócio/diretor.

O Conselho de Administração deve considerar o mandato dos seus membros. Caso não haja uma definição de mandato, o Conselho precisa estar atento à sua posição em relação à estratégia organizacional, garantindo que não haja estagnação da empresa diante dos desafios impostos pelo mercado.

É comum intercalar os mandatos, para evitar que todos os membros antigos os terminem ao mesmo tempo. Essa medida assegura que o Conselho de Administração tenha um bom equilíbrio entre experiência e novas ideias.

É útil, também, manter um registro dos membros do Conselho de Administração e dos seus mandatos no Estatuto do Conselho. Isto permite que haja preparação para as eleições e o recrutamento de novos membros. O estatuto também pode registrar os mandatos dos membros em cargos-chave, para que o Conselho saiba quando eleger novas pessoas para estes cargos.

As diretrizes de trabalho do Conselho de Administração devem estar respaldadas nas qualificações dos conselheiros, com o intuito de permitir o pleno desempenho de suas funções. As principais qualificações são:

a) Compromisso com a organização – de acordo com a missão, a visão e os valores. Os membros do Conselho de Administração devem mostrar que estão comprometidos;

b) Boa comunicação – sabe falar, escutar, ler, ser claro e objetivo;

c) Resolução de conflitos – estar comprometido com a justiça e a igualdade, a fim de manter saudáveis as relações;

d) Iniciativa – ser capaz de perceber as oportunidades e estar atento aos problemas;

e) Objetividade – ser imparcial e sem preconceitos.

f) Pensamento conceitual – ser capaz de fazer conexões, ver tendências e relações, interpretar informações;

g) Discernimento eficaz – ser capaz de usar o bom senso, a razão, o conhecimento e a experiência;

h) Pensamento independente – manter as próprias crenças, mesmo quando houver influência, oposição ou ameaça;

i) Pensamento lógico – ser capaz de pensar sobre uma questão cuidadosamente;

j) Prestação de contas – aceitar fazer e receber avaliações objetivas das relações e do desempenho;

k) Interdependência – ser capaz de trabalhar de maneira eficaz com os demais membros da equipe e o meio externo, comprometendo-se com as decisões em grupo;

l) Racionalidade – utilizar da melhor forma possível os recursos, ao mesmo tempo em que tem em vista padrões elevados.

Os membros do Conselho de Administração devem, para manter o padrão comportamental e a qualidade de suas atividades, ter as seguintes qualidades individuais:

- Integridade pessoal – digno de confiança, consciente, honesto;
- Autoconsciência – capaz de avaliar e gerir pontos fortes e fracos;
- Transparência – sem interesses ocultos, mas aberto quanto às informações, a não ser que sejam confidenciais.

Para que os conselhos governem com eficácia, seus membros devem estar totalmente comprometidos com a organização. Assegurar que considerem a responsabilidade de sua participação como conselheiros ajuda a proteger a organização contra problemas de governabilidade ao longo do tempo.

Os temas e as questões abaixo podem ajudar os possíveis membros de conselhos a decidir se estão comprometidos com a organização e a considerar o que eles têm a oferecer.

1. Atuação na organização: para atuar como conselheiro, há que se inteirar sobre o âmbito corporativo. No caso das empresas familiares, é importante saber a história e a trajetória que as consolidaram no mercado. A história determina o traço cultural e, principalmente, os valores da organização.

a) Qual é a missão da organização?

b) De que forma os departamentos e cargos estão relacionados com a missão?

c) Há algum plano estratégico que seja revisado e avaliado regularmente?

d) Qual é a situação financeira, de fato?

e) O Conselho de Administração discute e aprova o orçamento anual?

f) Com que frequência os membros do Conselho de Administração recebem relatórios financeiros?

2. Beneficiários: não se pode esquecer da máxima "a família serve à organização. Não é a organização que serve à família". Se esta máxima não for seguida, é muito provável que não haja perpetuação dos negócios. Os beneficiários dessa postura são basicamente os clientes e parceiros comerciais que agreguem valor ao negócio.

a) A quem a organização serve?

b) Os clientes da organização estão satisfeitos?

3. Estrutura do Conselho de Administração: como o Conselho está composto e quem são seus componentes.

a) De que forma o Conselho de Administração está estruturado?

b) Há descrições das responsabilidades do Conselho de Administração e dos membros individuais?

c) Há descrições das funções e responsabilidades dos comitês do Conselho de Administração?

d) Quem são os outros membros do Conselho de Administração?

e) Há algum sistema para evitar conflito de interesses?

4. Responsabilidades individuais dos membros do Conselho de Administração: quais as funções de cada conselheiro.

a) De que maneira o Conselho de Administração acha que eu posso contribuir como um de seus membros?

b) Quanto tempo será necessário?

c) Qual é o papel que o Conselho de Administração representa para a empresa?

5. Interesse em trabalhar no Conselho de Administração: não se esqueça de que os sócios fazem parte dos Conselhos de Administração. A sua preocupação em relação a este tópico deve ser direcionada a fazer a empresa se manter lucrativa.

a) Estou comprometido com a missão da organização?

b) Que pontos fortes posso oferecer ao Conselho de Administração?

c) Posso dedicar o tempo necessário para ser um membro eficaz do Conselho de Administração?

d) Estou satisfeito com a abordagem e a natureza do trabalho de captação de recursos da organização?

Já para a otimização das ações do Conselho de Administração, é necessário considerar alguns aspectos importantes, a saber:

Comunicação – A boa comunicação é essencial. O Conselho de Administração e o diretor geral devem estar mutuamente atualizados sobre o que está acontecendo na empresa. O Conselho assegura que a visão e a missão sejam seguidas, decide os valores e a estrutura organizacional, assim como determina a rota que a empresa tomará para chegar ao destino. O diretor geral e os funcionários usam seu conhecimento, experiência e habilidades de desenvolvimento para cumprir a missão.

Confiança – Quando se dá responsabilidade por alguma coisa a alguém, é necessário que haja certo grau de confiança de que esta pessoa cumprirá bem a sua responsabilidade. Se houver pouca confiança, torna-se fácil interferir, e a vantagem da delegação de responsabilidade se perde.

Se as funções não estiverem claramente estabelecidas, os seguintes problemas poderão surgir:

- Alguns aspectos importantes do trabalho da organização podem ser ignorados. É tentador para os líderes abusarem de suas prerrogativas;

- Pode-se perder a eficácia, porque as pessoas assumem responsabilidades demais e ficam sobrecarregadas e incapazes de realizar bem as suas tarefas;

- Pode-se perder a eficiência, porque algumas pessoas estão mais qualificadas ou respaldadas para assumir certas funções que outras, gerando conflitos importantes.

As organizações que não têm um Conselho de Administração podem enfrentar vários problemas que impactarão negativamente no processo de gestão organizacional e nos resultados oferecidos ao mercado. Existem fatores que devem ser considerados para não limitar o trabalho dos gestores estratégicos e oferecer bases de sustentação para o crescimento empresarial.

Uma questão fundamental, que afeta o bem-estar das empresas, é a dúvida sobre as funções do Conselho de Administração, de gestores e colaboradores. A principal diferença é que o Conselho de Administração é responsável por governar a organização, enquanto gestores e colaboradores são responsáveis pela gestão/operação.

À medida que as organizações se desenvolvem, a forma de governabilidade também evolui. O fundador tem espaço para estabelecer políticas e gerir os negócios, como presidente do Conselho de Administração, e ausentar-se das operações, atuando somente no âmbito estratégico. Porém, não é aconselhável que ele se ausente da empresa.

Os primeiros conselheiros provavelmente começaram no Conselho de Administração porque tinham confiança no fundador. Frequentemente, o fundador é um visionário e pode decidir deixar a organização quando tiver certeza de que tanto a governabilidade, quanto a gestão estão em boas mãos.

À medida que a organização amadurece, o Conselho de Administração torna-se mais profissional. Porém, a única situação em que o Conselho de Administração deve assumir a função de gestão será durante uma época de crise. Por exemplo, se o diretor geral não conseguir realizar sua função com eficácia, o Conselho de Administração pode eleger um de seus membros como diretor interino, enquanto recruta e seleciona um novo diretor geral.

Estabelecimento de um sistema de prestação de contas

Como responsável final pelo trabalho da organização, o Conselho de Administração deve definir como fazer com que as pessoas a quem delega responsabilidade e autoridade lhe prestem contas. Isto pode ser feito por meio do estabelecimento de indicadores para mostrar o progresso em direção ao cumprimento das responsabilidades delegadas.

Desenvolvimento de políticas

As políticas podem ser usadas pelo Conselho de Administração para assegurar que a organização seja bem dirigida sem seu envolvimento excessivo na gestão. Políticas operacionais geralmente são deixadas para o diretor geral definir.

Todas as ações e políticas devem estar respaldadas na visão, missão e valores da empresa. Infelizmente, esses conceitos são extremamente confusos para muitos administradores e para o corpo funcional também.

A seguir, estão esclarecimentos que podem tornar mais claros esses conceitos, que vão refletir a cultura organizacional, além de serem as bases estruturais do planejamento estratégico da organização.

A Visão: é o direcionamento estratégico da empresa. Sua concepção se dá por meio da projeção de como a empresa estará daqui a cinco anos. Deve ser definida em uma frase de impacto que estimule o corpo organizacional a alcançar a visão proposta. Exemplo: Crescer com excelência.

A Missão: determina quais são as pessoas a quem a organização serve, onde elas estão e como são servidas. A declaração da missão, portanto, une a visão, o propósito e os valores. Deve ser clara, breve e fácil de ser memorizada. Em resumo, a missão responde à seguinte pergunta: O que a organização se compromete a fazer?

Valores: estão relacionados com o que a organização simboliza. Influenciam a maneira como a organização age e traduzem sua identidade. A pergunta chave é: o que consideramos importante na maneira como agimos e nos relacionamos com os outros? Ao contrário da visão e da missão, que podem ser alteradas e atualizadas, os valores da organização não devem mudar, sendo permanentes.

Planejamento Estratégico: consiste em determinar o plano da organização para os próximos anos e a maneira como se pretende cumpri-lo. É um plano para a organização inteira, sendo diferente dos planos operacionais ou táticos, que descrevem projetos ou programas.

Políticas internas do Conselho de Administração

É necessário que o Conselho de Administração determine a adoção das políticas que sustentarão suas ações. Estas políticas devem ser listadas no Estatuto do Conselho e, em muitos casos, no Código de Conduta.

Política para conflito de interesses: os membros do Conselho de Administração têm a responsabilidade de apresentar os seus pontos de vista sobre questões durante as discussões. Entretanto, eles devem garantir que esses pontos de vista sejam do interesse da organização, e não voltados para o seu próprio interesse. Para evitar conflitos de interesses, cada membro do Conselho deve informar sobre a sua possível ocorrência, ao ser eleito. Essas informações devem ser atualizadas a cada ano. Se o Conselho precisar discutir uma questão que possa resultar num conflito de interesses para um dos seus membros, não se deve permitir que esta pessoa participe das discussões ou da tomada de decisões. Essa política também deve definir que os membros do Conselho de Administração não podem realizar trabalho de consultoria remunerado para a organização.

Política de sigilo: todas as discussões durante as reuniões do Conselho de Administração devem ser mantidas em sigilo. Embora seja formado por membros com diferentes opiniões, uma vez que uma decisão é tomada, o Conselho deve se comportar como uma linha de frente unida. Caso contrário, a reputação da organização pode ser prejudicada e a eficácia do Conselho também pode ser questionada pelo mercado. Para garantir que o sigilo seja mantido, os membros do Conselho devem assinar um termo de confidencialidade.

Capítulo 5

AS ATIVIDADES DE GESTÃO DE PESSOAS E O CONSELHO DE ADMINISTRAÇÃO

O Conselho de Administração deve recrutar e selecionar alguém para gerir as operações, evitando que o próprio Conselho tenha que gerenciar o trabalho cotidiano da organização.

Esta pessoa frequentemente é chamada de diretor geral, mas também pode receber o nome de diretor executivo ou gerente geral. Para melhor compreensão, iremos utilizar o termo "gestor". A responsabilidade desse gestor é operacionalizar todas as ações estratégicas da organização, dentro dos limites estabelecidos pelo Conselho.

Para que a organização cumpra a sua missão, deve haver uma boa relação entre o gestor e o Conselho de Administração. Se houver dúvida sobre o cargo, a função ou o papel a ser desempenhado, haverá implicações nos resultados que este profissional deverá entregar à empresa, podendo ficar muito aquém do esperado.

As questões a considerar ao recrutar um gestor são:

a) Descrição do cargo – definição das funções, requisitos básicos do cargo;

b) Lista de qualidades, tanto essenciais quanto desejáveis, inclusive habilidades, experiência e caráter pessoal;

c) Remuneração total: salário e benefícios empregatícios;

d) Responsabilidades e autoridade delegada.

Mesmo que o gestor seja membro da família e seja um herdeiro, isto não significa que possa ter regalias que extrapolem o cargo. Só deve assumir esse cargo quem possuir as competências necessárias, e sua atuação deve se restringir ao escopo do cargo.

O Conselho de Administração pode decidir criar um comitê especial para supervisionar o processo de recrutamento e seleção do gestor, sendo ele um membro da família ou não.

Da mesma forma que na escolha do gestor, o Conselho de Administração deve ter a liberdade de definir quem ocupará os cargos-chave dentro do próprio Conselho. As questões a considerar em boa parte são comuns nos dois processos:

- Características e qualidades desejadas para a função;

- Forma e critérios de seleção das pessoas;

- Visão – o gestor precisa ser capaz de incentivar o Conselho de Administração a definir o rumo que a organização tomará no futuro;

- Habilidades de facilitação e trabalho em equipe, para que se possa aproveitar o conhecimento dos outros;

- Familiaridade com a missão integral;

- Experiência anterior: em algumas organizações de natureza familiar, o sucessor somente trabalhou na empresa da família. Isto não inviabiliza, em absoluto, sua qualidade profissional para assumir um cargo de gestão ou de conselheiro;

- Conhecimentos gerais sobre a organização e as leis nacionais relativas ao trabalho desenvolvido.

Pode ser útil que o candidato a gestor principal tenha atuado na organização como gestor ou membro do Conselho de Administração. Isso permite que tenha uma boa compreensão da dinâmica administrativa e dos meandros da cultura organizacional. Entretanto, pode-se optar pela contratação de um executivo que venha do mercado, com capacidade de ser mais objetivo e apto a fazer melhorias importantes na organização.

Esse gestor deverá ter as seguintes qualidades:

- Boa reputação no mercado;
- Capacidade de desenvolver relações interpessoais;
- Organização;
- Capacidade de comunicação;
- Experiência em cargos estratégicos;
- Afinidade com a cultura e os valores da empresa;
- Compreensão dos impactos legais relativos às ações da empresa no mercado.

Um membro do Conselho de Administração pode, ou deve, decidir se exonerar por vários motivos, a saber:

- Se não concordar mais com a missão da organização;
- Se não tiver tempo disponível suficiente;
- Se ficar incapacitado e não puder realizar tarefas;
- Se surgir um conflito de interesses.

Um membro do Conselho de Administração pode se sentir tentado a solicitar exoneração após uma discórdia, ou porque não concorda com uma decisão. Ele deve se perguntar:

a) Há alguma diferença fundamental entre os meus pontos de vista e os das outras pessoas? Ou, em geral, estou satisfeito com a maioria das decisões que o Conselho de Administração toma?

b) Acho que as pessoas escutam os meus pontos de vista? Se não, há alguma maneira de fazer com que as discussões sejam mais participativas?

c) Há algum membro do Conselho de Administração com o qual eu ache difícil trabalhar? Posso encontrar uma maneira de criar uma conexão maior com essa pessoa?

d) Qual é o valor da minha contribuição para o Conselho de Administração? De que maneira o Conselho seria afetado se eu me exonerasse?

O presidente tem um papel importante, que é o de assegurar que os membros do Conselho de Administração sejam realistas no que diz respeito ao quanto podem contribuir e de lhes dar liberdade para se afastarem se necessário. Também tem o papel de primar pelo profissionalismo das ações do Conselho, fazendo com que discussões acaloradas e emocionais, vinculadas às relações familiares, sejam deixadas de lado, tendo em vista o bem da empresa.

A empresa é a base do sustento da família e de todos os colaboradores. O Conselho de Administração tem a obrigação de zelar pela organização, pois, além de manter inúmeras famílias, a geração atual é a guardiã deste legado, oferecido a ela pelo fundador. Seu sonho e seu esforço em conduzir a empresa para as gerações futuras devem ser preservados.

Referências bibliográficas para os capítulos 1 a 5

ASHTON, Chris; HAFFENDEN, Mike; LAMBERT, Andrew. T*he "fit for purpose" HR function. Corporate Research Forum. Strategic HR Review.* Vol.4, Iss. 1, Nov/Dec. 2004.

BARDIN, Laurence. *Análise de conteúdo.* Lisboa: Edições 70, 1996.

BARON, James N.; KREPS, David M. *Strategic human resources. Frameworks for general managers.* New York: John Wiley & Sons, 1998.

BERRY, Carolyn; GRIEVES, Jim. *"To change the way we do things is more important than the certificate on the wall": Does investors in people represent an effective intervention strategy for organizational learning? The Learning Organization.* Bradford: 2003. Vol. 3, Iss. 4/5, p. 294-304.

CAKAR, Figen; BITITCI, Umit S.; MacBRYDE, Jillian. *A business process approach to Human Resource management. Business Process Management Journal.* Bradford: 2003. Vol. 9, Iss. 2, p. 190-207.

CAMERON, Kim S.; QUINN, Robert E.; *Diagnosing and changing organizational culture: based on the competing values framework.* Boston: Addisson-Wesley Publishing Company, 1999.

CANTIDIANO, Luiz L.; CÔRREA, Rodrigo (orgs.). *Governança – empresas transparentes na sociedade de capitais.* Série APIMEC. São Paulo: Lazuli, 2004.

CARVER, John; OLIVER, Caroline. *Conselhos de administração que geram valor – dirigindo o desempenho da empresa a partir do conselho.* São Paulo: Cultrix, 2002.

DUFFUS, Lee R. *The personal strategic plan: a tool for career planning and advancement. International Journal of Management.* Poole: Jun. 2004. Vol 21, Iss. 2, p. 144-148.

FISCHER, Kurt. *Transforming HR globally:* The center of excellence approach. Human Resource Planning. New York: 2003. Vol. 26, Iss. 2, p.9-11.

GAJ, Luís. *Tornando a administração estratégica possível*. São Paulo: Mc-GrawHill, 1990.

GUBMAN, Ed. *HR Strategy and planning*: From birth to business results. Human Resource Planning. New York: 2004. Vol. 27, Iss. 1, p. 13-23.

HAIR *et al. Multivariate Data Analysis* –5th ed. Upper Saddle River: Prentice Hall, 1998.

HARVARD BUSINESS REVIEW. *Governança Corporativa*. São Paulo: Campus, 2003.

HOFSTEDE, Geert. *Attitudes, values and organizational culture: disentangling the concepts. Organization Studies*. 1998. 19/3. p. 477-492.

HORWITZ, Frank M.; HENG, Chan Teng; QUAZI, Hesan Ahmed. *Finders, keepers? Attracting, motivating and retaining knowledge workers. Human Resource Management Journal*. London: 2003. Vol. 13, Iss. 4, p. 23-44.

INSTITUTO BRASILEIRO DE GOVERNANÇA CORPORATIVA. *O código brasileiro das melhores práticas de governança corporativa*. São Paulo: IBGC, 1999.

JACOBS, Robert Jake. *Strategic HR: put yourself to the test. Strategic HR Review*. Vol. 4, Iss. 1, Nov/Dec, 2004.

JAMROG, Jay J.; OVERHOLT, Miles H. *Building a strategic HR function: Continuing the evolution. Human Resource Planning*. New York: 2004. Vol. 27, Iss. 1, p. 51-62.

KAPLAN, Robert S.; NORTON, David P. A *Estratégia em Ação – Balanced Scorecard*. São Paulo: Campus, 1997.

KAPLAN, Robert S.; NORTON, David P. *Utilizando o balanced scorecard como sistema gerencial estratégico. In Medindo o Desempenho Empresarial*. São Paulo: Campus, 2000.

LAMEIRA, Valdir de Jesus. A *Estrutura de Capital das Sociedades Anônimas*. Rio de Janeiro: Forense Universitária, 2001.

LAMEIRA, Valdir de Jesus. *Governança Corporativa*. Petrópolis: Vozes, 2002.

LAWLER III, Edward E.; MOHRMAN, Susan A. *HR as a strategic partner: what does it take to make it happen? Human Resource Planning.* New York: 2003. Vol. 26, Iss. 3, p. 15-29.

LEONE, Nilda. *A sucessão em PME comercial na região de João Pessoa. Revista de Administração*, São Paulo,v.27,n.3, p.84-91, jul./set.1992.

LODI, João Bosco. *A empresa familiar.* São Paulo: Pioneira, 1993.

LODI, João Bosco. *Governança corporativa – o governo da empresa e o conselho de administração.* Rio de Janeiro: Campus, 2000.

McCHARTHY, Alma; GARAVAN, Thomas; O'TOOLE, Thomas. *HRD: Working at the boundaries and interfaces of organisations. Journal of European Industrial Training.* Bradford: 2003. Vol. 27, Iss. 2-4, p. 58-72.

McLEAN, Gary N. *Examining approaches to HR evaluation. Strategic HR Review.* Volume 4, Issue 2, January/February 2005.

MILLMORE, Mike. *Just how expensive is the practice of strategic recruitment and selection? Irish Journal of Management.* Dublin: 2003. Vol. 24, Iss. 1, p. 87-108.

PAAUWE, Jaap; BOSELIE, Paul. *Challenging "strategic HRM" and the relevance of the institutional setting. Human Resource Management Journal.* London: 2003. Vol. 13, Iss. 3, p. 56-70.

PALTHE, Jennifer; KOSSEK, Ellen Ernst. *Subcultures and employment modes: Translating HR strategy into practice. Journal of Organizational Change Management.* Bradford: 2003. Vol. 16, Iss. 3, p. 287-309.

PETTIGREW, Andrew; SPARROW, Paul; HENDRY, Chris. *The forces that trigger training. Personnel Management.* Dec. 1988. 20,12.

POELMANS, Steven A.Y.; CHINCHILLA, Nuria; CARDONA, Pablo. *The adoption of family-friendly HRM practices: Competing for scarce resources in the labour market. International Journal of Manpower.* Bradford: 2003. Vol. 24, Iss. 2, p. 128.

RICCA, Domingos. *Da Empresa Familiar à Empresa Profissional.* São Paulo: CL-A, 1998.

RICCA, Domingos; SAAD, Sheila. *Governança Corporativa nas Empresas*

Familiares: Sucessão e Profissionalização. São Paulo: CL-A, 2012.

SIMÕES, Paulo César G. *Governança corporativa e o exercício do voto nas S.A.s.* Rio de Janeiro: Lumen Juris, 2003.

SMILANSKY, J. *The New HR.* London, UK: International Thomson Business Press, 1997.

STEINBERG, Herbert. *A dimensão humana da Governança Corporativa.* São Paulo: Gente, 2003.

TOULSON, Paul K.; DEWE, Philip. *HR accounting as a measurement tool. Human Resource Management Journal.* London: 2004. Vol. 14, Iss. 2, p. 75-90.

ULRICH, D. *Human Resources Champions – The next agenda for adding value and delivering results.* Boston: Harvard Business School Press,1997.

ULRICH, Steffen. *Decifrando o mistério da empresa familiar – uma perspectiva etnológica.* Rede CEFE International, 1997.

Capítulo 6

COMPORTAMENTO ORGANIZACIONAL

Por Ana Gabriela Ribeiro Dezan

Entender os padrões do **Comportamento Organizacional** nas empresas familiares permite avaliar aspectos que são cruciais para esse modelo de negócio:

- Comportamento, cultura e clima organizacional;
- Resiliência;
- Valores e atitudes;
- Satisfação no trabalho;
- Administração de conflito, estresse e mudança planejada;
- Negociação;
- Fundamentos da liderança, motivação e comunicação.

Segundo Robbins (2010), "Comportamento Organizacional é um campo de estudo voltado para explicar, compreender e modificar o comportamento humano no contexto da empresa."

O mesmo autor ainda define o Comportamento Organizacional

como sendo: "...um campo de estudos que investiga o impacto que indivíduos, grupos e a estrutura têm sobre o comportamento dentro das organizações, com o propósito de utilizar esse conhecimento para promover a melhoria da eficácia organizacional".

Para podermos contextualizar as organizações de natureza familiar, cabe entender alguns aspectos apontados pelo autor:

- Comportamento micro-organizacional: estuda o padrão de ações do indivíduo ao trabalhar sozinho. Ex.: motivação, estresse, personalidade etc.

- Comportamento meso-organizacional: trata do comportamento das pessoas que trabalham em equipes e em grupos. Ex.: liderança, dinâmica de grupo etc.

- Comportamento macro-organizacional: estuda o comportamento de empresas inteiras. Ex.: estruturas, relações institucionais, poder, negociação, eficiência etc.

Embora haja uma série de fatores que explicam a dinâmica das empresas familiares, todas as reflexões que se pode realizar acerca desta estrutura organizacional sempre estarão embasadas na análise comportamental.

Portanto, há que se registrar os objetivos que nos levam a tais considerações.

Em primeiro lugar, a explicação das causas e efeitos de determinados fenômenos nos permite estabelecer ações que vão prever, alterar, controlar ou manter padrões de comportamento.

Assim sendo, os executivos que atuam em qualquer organização, mas especialmente os das empresas familiares, precisam entender a cultura e os valores implantados pelo fundador.

São os seus valores pessoais que determinam os valores organizacionais e a cultura vigente na empresa.

É esta base que consolida os padrões de tarefas a serem realizadas, a forma pelas quais são colocadas em prática, os reportes dos subordinados e a estrutura hierárquica implantada.

Via de regra, os fundadores são pessoas com uma liderança inquestionável, o que leva à motivação dos subordinados, assim como a uma direção eficiente, eficaz e efetiva.

Este é o ponto nevrálgico do processo sucessório: o carisma que envolve a liderança de quem empreende um negócio dificilmente se consolida nas gerações futuras. Se o carisma não se transfere, então a formação do sucessor precisa ser estruturada na formação da liderança, de maneira que os valores e a cultura não sejam desprezados pelo sucessor.

Cultura organizacional

É o conjunto de convicções e práticas, estabelecidas por meio de regras corporativas, que são assumidas e entendidas como válidas por todos os membros da organização.

Segundo Schein (2009), os padrões culturais definem a maneira pela qual as pessoas aprendem a lidar com problemas e desafios de **adaptação externa** e/ou **integração interna**. Estes padrões são suficientemente bons para serem considerados válidos e ensinados a novos membros, como a forma correta de perceber, pensar e sentir.

Para o autor, são importantes componentes da cultura organizacional: os valores, os ritos, os mitos e os tabus.

O modelo de sucessão adotado pela empresa é um modelo de **rito**; os padrões de ética adotados pela empresa são uma forma de **valor**.

Um mito adotado pelos fundadores nas empresas familiares é a máxima de que: *não é preciso alterar o que está dando certo desde sempre*. Esta é uma "máxima" adotada por quem fundou o negócio de família, para controlar as mudanças e manter o comando, justificando para sucessores a não adoção de novas ideias e procedimentos.

Um exemplo de **tabu** nas empresas familiares é **questionar as ações e autoridade do fundador.** Embora muitos empreendedores entendam que é necessário que haja iniciativa por parte dos colaboradores, também a proatividade é um tabu. As iniciativas podem ocorrer, desde que validadas e autorizadas pelos donos dos negócios familiares.

Todos esses aspectos precisam ser entendidos e assimilados pelos colaboradores e sucessores, de forma que haja adaptabilidade de todos ao contorno cultural da empresa.

Não há empresa perfeita, assim como não existe fundador perfeito, mas a cultura instituída na organização determina o padrão de conduta que rege o negócio. Qualquer ruptura drástica deste padrão, causará confusão junto ao mercado e aos colaboradores que atuam no negócio de família.

Portanto, como entender a Cultura Organizacional?

Alguns pontos podem apresentar o exato padrão da cultura da empresa. Em se tratando da empresa familiar, a história da organização se confunde com a história do próprio fundador. A trajetória, os acontecimentos marcantes que determinaram o sucesso do negócio, além da conduta assumida pelo empreendedor, explicam bastante o escopo da cultura do negócio.

A história, por si só, já estabelece um ótimo ponto de referência cultural, mas os costumes de uma empresa podem ser entendidos pela política de gestão de pessoas, pelos processos de comunicação e pelo modelo de trabalho adotado.

Quadro 1. Ciclo da Cultura Organizacional

Atitudes são compostas pelo julgamento que se faz sobre tudo – pessoas, eventos ou objetos. Exemplo: forma de vestir dos colaboradores e dos gestores da empresa; móveis que compõem os ambientes organizacionais; comemorações realizadas na empresa.

Se o fundador é uma pessoa acessível, de hábitos simples, o sucessor precisa assumir uma postura semelhante. Caso contrário, os clientes vão perceber que estão mais distantes dos responsáveis pela empresa e os colaboradores não vão se sentir no mesmo ambiente em que atuavam. Todos esses desconfortos podem gerar desconfiança e, por conseguinte, falta de vínculo.

As atitudes vão definir comportamentos, que são as ações compatíveis com julgamentos aceitos (Atitudes Aprovadas), e isto se torna um valor a ser repassado a todos aqueles que atuam na organização.

Não estamos falando de certo ou errado; estamos, sim, discutindo o que é aceito ou não.

Os sucessores de negócios familiares possuem um papel importante na manutenção dos padrões culturais, já que deverão representar o exemplo a ser seguido, tanto no que se refere à conduta, como em relação aos padrões de convívio assumidos junto aos seus colaboradores e com o mercado em geral.

Cabe frisar que, inclusive, a forma de se portar e de conversar precisa ser entendida pelo sucessor, pois será alvo de "julgamento" por parte dos fundadores. Estes são os aspectos relativos a **atitude**, mencionados anteriormente.

Outra questão importante é o papel dos executivos que não fazem parte da família. Eles também deverão atuar de acordo com a cultura e os valores da companhia. Vale lembrar que sucessores ou executivos não familiares precisam atuar de forma a levar a empresa para as próximas gerações. Portanto, caberá aos sócios fundadores saber orientar e aconselhar seus sucessores e gestores, para atuarem com empenho e comprometimento, tendo por base os valores da empresa, e com foco em atingir as metas e objetivos organizacionais.

A empresa familiar que prospera é aquela que consegue equilibrar seus valores, permitindo que haja evolução técnica e tecnológica nos processos, mas que não se esquece da sua história.

É necessário que se perpetue a essência da empresa familiar. Afinal, se o empreendimento se tornou um sucesso, não foi à toa. Porém, a cultura e os valores não podem ser utilizados como justificativa para a estagnação, o paternalismo nas relações internas e a falta de uma dinâmica competitiva de atuação. O mercado apresenta diretrizes e *insights* que jamais devem ser ignorados. Caso contrário, a empresa estará fadada ao insucesso, pois se tornará retrógrada e ultrapassada aos olhos dos clientes e consumidores das novas gerações.

Os profissionais (membros da família ou não) dependem da harmonia da família para realizar um bom trabalho, bem como a família depende de seus profissionais para que a empresa exista. Então, é fundamental que, a partir da primeira geração, existam regras que determinem a estrutura a ser seguida e o modelo de relacionamento validado. Isto permitirá que as gerações vindouras tenham uma linha de conduta estruturada a partir da cultura organizacional, possibilitando que a empresa se mantenha saudável e produtiva.

Tudo que possa ser pensado e de fato aplicado, com o foco no bem-estar das pessoas, sendo elas familiares ou profissionais de fora da família, em um ambiente de trabalho, é digno de ser ouvido e respeitado. Quem gosta de trabalhar em um ambiente negativo e hostil?

Ninguém! Portanto, respeite as ações que envolvam as pessoas: elas podem e irão gerar mais rentabilidade para a empresa. Afinal, pessoas felizes são mais produtivas, independentemente de serem colaboradores ou membros da família.

A empresa familiar tem uma missão desafiadora, que se torna mais premente à medida que as gerações avançam. É preciso equilibrar: Relação Familiar x Empresa, Relacionamentos Pessoais x Relacionamentos Profissionais.

Não existe uma resposta pronta para o enfrentamento destas questões, mas a família deve assumir uma postura de atuar em favor da empresa, da manutenção de seus valores e do fortalecimento de sua história.

Valores

Embora o tema tenha sido tratado anteriormente, é necessário abordá-lo de forma mais detalhada, principalmente por sua importância nas organizações familiares.

Os valores representam o aspecto mais relevante na criação e manutenção dos negócios de família. São eles que estabelecerão a "paixão" e a dedicação que o empreendedor terá em relação ao seu empreendimento.

Tanto valores quanto resiliência definem a história da empresa. Perceba que *todos* os relatos envolvendo a trajetória das empresas familiares estão fartamente permeados e respaldados por estes dois fatores. Assim, é preciso entender a definição de **valores**.

Robbins (2002) apresenta os valores como sendo a representação das convicções de uma pessoa, que, de um modo específico de conduta e/ou de condição de existência, é individualmente ou socialmente preferível a modo contrário ou oposto de conduta ou de existência.

Ou seja, nossos valores determinam a preferência de nossas ações. Estabelecem nossa forma de pensar e agir.

Algumas observações importantes sobre valores, de acordo com Robbins:

- Valores são crenças e não ideias objetivas e frias;
- São um constructo motivacional = objetivos motivacionais;
- Transcendem situações e ações específicas;
- Guiam a seleção e avaliação de ações, políticas, pessoas e eventos;
- Servem como padrões ou critérios;
- São ordenados pela importância relativa aos demais.

Entendendo estes parâmetros, é possível compreender as atitudes, os comportamentos e as motivações das pessoas e das diferentes culturas, e todas as coisas que influenciam nossa percepção sobre o mundo. Regulam as interpretações do que é certo e errado e desencadeiam comportamentos e resultados diversos.

Também citadas anteriormente, as **atitudes** são reflexos dos valores assumidos por uma pessoa. As atitudes são afirmações avaliadoras. Refletem como um indivíduo se sente em relação a alguma coisa.

São considerados tipos de atitudes no ambiente de trabalho:

- Satisfação com o trabalho: avaliação que uma pessoa faz, em relação ao trabalho que ela realiza.

- Envolvimento com o trabalho: o grau de afinidade que uma pessoa tem com seu trabalho. Isto se reflete na percepção de importância de suas atividades profissionais, além de seu engajamento nas tarefas que realiza. É fator de valorização pessoal.

- Comprometimento organizacional: o grau de empatia que um trabalhador possui com uma empresa e seus objetivos, desejando manter-se parte dessa organização.

Os valores encontrados em uma empresa familiar são muito mais marcantes, pois se referem à essência de sua origem, o que explica diversas atitudes e comportamentos de seus fundadores.

Os fundadores de empresas familiares dificilmente abrem mão de seus valores.

Imagine que um membro da família ocupa um cargo de gestão na empresa da família. Sua promoção, seu crescimento e reconhecimento virão por meio de preparo, estudo e dedicação. Ocorrerão quando se envolver, efetivamente, nos assuntos de sua responsabilidade. Virão com a aquisição de conhecimento e muito esforço. Estes são os valores pregados pela maioria dos fundadores e fundadoras. Esta é a base que permitiu o desenvolvimento do profissional e da empresa. São estes os pilares de sustentação da empresa familiar, e o sucessor precisa personalizar estes valores.

Para que esses pilares funcionem, é necessário entender os aspectos que envolvem a **resiliência**.

Resiliência é a capacidade de se recompor de situações graves e difíceis, e assumir uma atitude de aprendizado e evolução. Isto só é possível quando existem objetivos claros e consciência do momento vivido.

As pessoas não resilientes esperam que alguém diga o que devem fazer e as normas que precisam seguir. Esses padrões de comportamento desencadeiam uma motivação superficial e os resultados do seu trabalho tendem a ficar nivelados em um padrão baixo ou mediano.

Portanto, durante o processo de formação de sucessores, é necessário orientar quanto à tomada de atitude e decisão, a partir de contornos de resiliência. Um dos princípios desse comportamento, e que rege a empresa familiar, é que: **o sucessor deve servir à empresa, não a empresa servir ao sucessor ou à família.**

São características das pessoas resilientes: administração das emoções, controle dos impulsos, otimismo com a vida, análise do ambiente, empatia.

Nenhuma outra palavra tem melhor referência e maior significado para uma empresa familiar do que Resiliência. É por meio deste recurso que pequenas empresas se tornam verdadeiros impérios.

Não importa se a perda for financeira, se houver catástrofes pessoais, se tragédias da natureza abalarem a empresa. Todos estes eventos são motivadores e impulsionam os empreendedores a seguir em frente e resistir.

Empresas familiares não resilientes simplesmente não perduram. Tudo se perpetuará por meio do fruto de muito trabalho e dedicação. A resiliência encontrada nessas empresas é uma grande vantagem competitiva, que se deve aos valores dos fundadores e ao perfil do capital humano que compõe este negócio. Colaboradores com valores afinados aos valores de quem iniciou a empresa são dedicados, e muitas vezes vivenciaram episódios de superação, juntamente com fundadores e familiares.

Embora os colaboradores nas empresas familiares não raramente atuem por longos anos na organização, uma característica do modelo de gestão de pessoas dos negócios de família é o paternalismo. Muito frequentemente, a geração que fundou a empresa valoriza mais a confiabilidade do colaborador do que a produtividade.

Muitos trabalham em empresas familiares, estão satisfeitos e são improdutivos. Essa postura é danosa aos resultados organizacionais. Portanto, o ambiente de trabalho de uma empresa familiar, para o seu próprio bem, deve ser o mais profissional possível.

O processo de profissionalização da empresa familiar tem início a partir da necessidade da organização de assumir uma postura mais profissional, respaldada por normas de conduta. Tais regras vão fazer frente à realidade mais complexa da gestão, em virtude do crescimento da empresa; além de manter a governança dos negócios de família, o que é fator preponderante para a perpetuação da companhia.

A profissionalização é institucionalizada, pois é preciso minimizar os riscos de conflitos que possam pôr em risco a sobrevivência da empresa.

Comunicação e motivação

Comunicação é a transferência e o entendimento de algo. Tem por objetivos: controlar ações, aumentar a motivação dos trabalhadores, estruturar dados para o processo de tomada de decisão e promover a manifestação de todos.

O processo de comunicação precisa ser o mais claro possível e deve garantir o reforço da mensagem por parte do receptor. Ou seja, quem passa alguma mensagem muitas vezes pode ser mal compreendido. Assim sendo, se quem recebe a mensagem puder retornar ao emissor e validar o conteúdo da mensagem, as más interpretações diminuem.

Existe um componente perigoso nos processos de comunicação nas empresas familiares. A emoção, invariavelmente, está inserida na mensagem. Portanto, a emoção irá determinar a interpretação da mensagem, se positiva ou negativa.

São diversas as formas de comunicação: comunicação oral, comunicação escrita e comunicação não verbal.

Podemos considerar que existem extremos nesses aspectos nas empresas familiares, pois alguns dos seus fundadores nascem com o dom de liderar, sabem motivar sua equipe e se automotivar. Embora o carisma do fundador exerça papel fundamental no ambiente organizacional, é necessário desenvolver critérios e regras para que a comunicação na empresa ocorra de forma clara e transparente.

Muitos gestores, nas organizações de natureza familiar, não sabem lidar com essas variáveis que envolvem os processos de comunicação. Este é um assunto que não se mostra relevante, até que ocorram problemas, desajustes nos processos e nos relacionamentos. Além do mais, falta qualificação para muitos gestores. Há despreparo, medo de uma comunicação mais fluida, insegurança.

Inclusive, questões envolvendo direcionamento do trabalho cotidiano, e assuntos como meritocracia, desenvolvimento do capital intelectual por meio da gestão de conhecimento, também precisam de um processo de comunicação eficiente.

Além da administração da equipe de colaboradores, a implantação de um processo de comunicação afeta drasticamente o processo de Governança Corporativa da organização. A Governança só ocorrerá a contento, se houver comunicação dinâmica e sem barreiras entre os sócios.

Um bom plano de comunicação começa dentro de casa, na educação daqueles que serão sócios no futuro, em relação à sua responsabilidade dentro da organização familiar. Mesmo que o sonho do filho não seja o mesmo sonho do pai, por herança este filho se tornará sócio. Ele precisará assimilar os ensinamentos da geração anterior, de forma a cumprir o seu papel na empresa, fazendo parte do Conselho de Administração da companhia, e entender seu compromisso na perpetuação da empresa.

Desta forma, o primeiro passo para que um membro da família se sinta motivado a dar continuidade ao negócio e desenvolver a empresa para as próximas gerações, rumo à perpetuação, está na harmonia entre parentes. Não há como conseguir isto sem uma boa comunicação entre sócios.

A motivação permitirá não só fazer parte da sociedade, mas assumir os valores do fundador. Este é o pressuposto fundamental que garante a longevidade da empresa familiar.

Para vincular comunicação a motivação na empresa familiar, é necessário entender os aspectos que instigam o ânimo e o encorajamento de algumas pessoas, que terão o trabalho árduo e a dedicação como pressupostos de vida, pois esta é uma exigência dos negócios de família.

A motivação tem sido amplamente estudada. É um desejo humano entender o que impulsiona pessoas a fazerem coisas extraordinárias.

Embora conceituada academicamente, a motivação se apresenta de maneira diferente para cada pessoa e com intensidade diversa.

Para Robbins (2002), motivação é o processo responsável pela intensidade, direção e persistência dos esforços de uma pessoa para alcançar uma determinada meta.

O autor elenca três elementos-chave na motivação:

- Intensidade: quanto esforço a pessoa despende;

- Direção: direção que beneficie a organização;

- Persistência: por quanto tempo a pessoa se esforça.

A motivação é uma questão abstrata e pessoal. É difícil definir aspectos motivacionais a partir da perspectiva do outro, visto que as situações motivadoras existem de acordo com a ótica de cada indivíduo.

Embora haja inúmeros *insights* motivacionais e, como já abordado anteriormente, este seja um fator de cunho pessoal, alguns autores estabelecem que a motivação ocorre a partir de determinados gatilhos, fazendo com que as pessoas se sintam estimuladas a agir em prol do trabalho, da organização ou de ambos.

São fatores motivacionais:

- Administração por objetivos;

- Programa de envolvimento dos colaboradores;

- Gestão participativa;

- Círculos de qualidade;

- Planos de participação acionária;

- Plano de remuneração variável.

Pode ser que somente um fator seja relevante para alguns, ou que para outros sejam diversas questões que fomentem a ação e determinação. Fato é que os fundadores se motivam pelo propósito. A trajetória é mais instigante do que a chegada. A luta impulsiona o empreendedor e o encoraja a caminhar para frente.

É muito desgastante ter que lidar com brigas infindáveis, quando se chega a uma certa idade com uma conquista surreal para os padrões do início da empresa. É muito negativo haver disputas entre as pessoas que são muito caras a quem fundou uma empresa.

Os conflitos são inevitáveis, podendo ser muito bons para o crescimento de empresas e pessoas. Porém, quando não são mais gerenciáveis, a empresa entra em um processo de desajuste, com grandes chances de sucumbir no médio ou longo prazos.

Gestão de conflitos

Os conflitos têm início quando uma das partes entende que a outra prejudica, ou pode prejudicar, alguma coisa ou pessoa que considera importante. Portanto, qualquer atividade, quando a interação extrapola determinado limite, se torna um conflito entre os envolvidos.

Algumas situações acarretam conflitos, tais como: incompatibilidade de objetivos, diferenças de interpretação dos fatos e desacordos baseados em expectativas de comportamento. As principais causas são as falhas de comunicação, envolvendo:

- Falta de abertura para promover entendimento entre as partes;

- Quebra de confiança;

- Fracasso de gestores em atender às necessidades de seus colaboradores.

Os conflitos são inevitáveis e não têm reflexos necessariamente danosos. Esta é a perspectiva da "Visão das Relações Humanas" das teorias que embasam o tema. Outra corrente, a "Visão Interacionista", determina que os conflitos são essenciais para gerar desempenho no grupo, tirando-o da zona de conforto que gera acomodação. Desta forma, só haverá evolução na medida em que os conflitos forem superados e novo patamar evolutivo seja alcançado.

Independentemente da contextualização teórica, os conflitos são inerentes aos seres humanos e suas relações. Não há como fugir disto. Porém, é preciso observar se os conflitos tendem a melhorar ou atrapalhar o desempenho de um grupo.

Quando nos referimos a grupo, este pode ser o de colegas de trabalho, ou mesmo de sócios. No momento em que existem conflitos disfuncionais entre sócios, a empresa pagará um preço alto, podendo fazer parte das estatísticas das organizações familiares que sucumbiram.

Os conflitos podem ser vinculados:

- À estrutura e aos objetivos do trabalho;
- Às relações interpessoais;
- Aos processos e à forma de realização do trabalho.

Enquanto o fundador estiver em atividade, haverá melhores condições de resolução de conflitos, baseadas na autoridade de quem desenvolveu o negócio.

É por isso que as práticas de Governança Corporativa devem ser instituídas enquanto houver a liderança de quem fundou o negócio.

Para muitas empresas familiares, adotar os conceitos de Governança demanda mudanças significativas na dinâmica organizacional. É, realmente, um processo. Há que se considerar mudanças paulatinas e consistentes, melhorando, assim, a capacidade da organização de se adaptar à necessidade de transparência na gestão.

As mudanças são inevitáveis. Elas são acompanhadas de alguma ou muita resistência. É, portanto, necessário sustentar e disseminar o propósito da organização aos membros da família, com o objetivo de manter a motivação e os objetivos comuns.

A resistência à mudança pode ser superada por meio de: comunicação, participação, apoio e negociação.

Qualquer resistência pode ser minimizada, a partir da clareza dos objetivos. As pessoas acreditam que a mudança é possível? Quanto tempo levará para que ela ocorra? Quais são as barreiras culturais que precisarão ser rompidas?

Quanto mais a empresa familiar avança nas gerações, maior é o número de pessoas envolvidas na sociedade.

Não há como desenvolver melhorias, implementar mudanças, promover adaptações às necessidades de mercado sem que haja negociação.

Negociação é definida como sendo o processo pelo qual duas ou mais partes buscam acordos, que ofereçam vantagens para os envolvidos.

A empresa familiar possui relações passionais. Envolve "paixão" pelo trabalho, em alguns casos disputas pelo poder, mas em todas as organizações existe a proximidade e intimidade entre familiares. Uma combinação, por vezes, explosiva.

Todas as pessoas envolvidas em organizações precisam negociar. Nas empresas familiares, esta é uma necessidade absoluta. As emoções decorrentes dos relacionamentos entre parentes podem tirar a racionalidade do processo. Desta forma, muitas empresas recorrem a uma terceira parte para promover o entendimento entre as partes.

São considerados negociadores:

- Mediador: um terceiro neutro que facilita uma solução negociada por meio do emprego da razão, da persuasão e da sugestão de alternativas.

- Conciliador: um terceiro confiável que estabelece uma comunicação informal entre as partes oponentes.

- Consultor: um terceiro habilitado e imparcial que busca facilitar a resolução de um problema por meio da comunicação e da análise.

Os resultados de um processo de negociação eficaz são:

- Colaboração;

- Não enfrentamento;

- Acomodação;

- Concessão.

A negociação precisa ser praticada. Os sucessores e/ou herdeiros precisam exercitar, continuamente, os acordos com seus pares, a resiliência nos relacionamentos corporativos e a racionalidade nas argumentações.

Liderança

Robbins (2002) define **liderança** como sendo a capacidade de influenciar um grupo para alcançar metas.

Muito se fala sobre liderança, e existem tantas teorias quanto perfis comprovados cientificamente. Mas o senso comum ainda define liderança como sendo um traço de personalidade, uma característica inata ao ser humano.

Este é um mito. Liderança pode ser aprendida e exercitada até que se alcance a excelência.

Existe uma distinção entre ser líder e ser gestor. O gestor tem a responsabilidade de dirigir, planejar, coordenar e controlar. Muitos líderes não fazem isso. A liderança não está restrita ao cargo, mas o gestor tem uma hierarquia superior.

Ideal seria que gestores fossem líderes e que administrassem as equipes com técnica e influência. Porém, esta não é uma verdade absoluta. Muitos gestores não são líderes, e muitos líderes não são gestores.

Embora existam muitas teorias que descrevem os meandros da liderança e suas características, a abordagem mais aceita é aquela que afirma que o líder se consolida por meio de situações e contingências específicas.

Vamos entender melhor...

Existem líderes que são mais vinculados a tarefas e outros a relacionamentos. Organizações que estão em processo de mudança, enfrentam dificuldades ou precisam se reinventar têm maior probabilidade de acatar líderes afeitos a tarefas. Estes líderes trabalham com processos estruturados, regras constituídas e objetivos claros.

Quanto mais confortável for a situação da empresa, ou quanto mais vinculada a valores como segurança, conformidade e tradição ela estiver, seu afinamento será com um modelo de liderança voltado para relacionamento.

A empresa familiar pode oscilar entre os dois polos, mas aqueles que fundaram empresas possuem maiores vínculos com o modelo de liderança voltado para relacionamento, principalmente porque, no início do empreendimento, precisavam do apoio e dedicação incondicionais de seus colaboradores.

Portanto, independentemente do perfil adotado pelo líder, liderança é a capacidade de influenciar um grupo para alcançar metas, que envolve outras pessoas e poder. Os fundadores não disputam poder. Muitos sucessores acham que sim, mas, na realidade, o que os empreendedores desejam é manter seu esforço preservado. Assim, eles dificilmente compartilham o poder absoluto em relação ao negócio.

Para distinguir um significado de outro, vamos entender **poder** como sendo a capacidade de exercer influência, isto é, de mudar as atitudes ou o comportamento de indivíduos ou grupos.

Além disso, é preciso entender o que significa **influência**, já que ambos os conceitos, poder e liderança, envolvem influência. A influência é qualquer ação ou exemplo de comportamento que causem uma mudança de atitude ou de conduta em outras pessoas ou grupos.

Aqueles que fundaram empreendimentos familiares possuem liderança, poder e influência. O grande desafio no processo sucessório e, por conseguinte, na perpetuação das empresas familiares é transferir essas características àqueles que ficarão incumbidos de levar os negócios de família para as próximas gerações.

Referências bibliográficas para o capítulo 6

AGUIAR, Maria Aparecida Ferreira de. *Psicologia Aplicada a Administração*. 2ª ed. São Paulo: Excellus, 2000.

BERGAMINI, Cecília Whitaker. *Psicologia do Comportamento Organizacional*. 3ª ed. São Paulo: Atlas, 1996.

BOWDITCH, James L.; BUONO, Anthony F. *Elementos de comportamento organizacional*. São Paulo: Pioneira Thomson, 2004.

MORGAN, Gareth. *Imagens da organização*: edição executiva. 2ª ed. São Paulo: Atlas. 2007.

OLIVEIRA. Marco. A. *Comportamento Organizacional para Gestão de Pessoas*. São Paulo: Saraiva, 2010.

QUEIROZ, Cláudio. *As Competências das Pessoas*. 4ª ed. São Paulo: DVS, 2011.

QUEIROZ, Cláudio; LEITE, Christiane. *O Elo da Gestão de Carreira*. São Paulo: DVS, 2011.

RICCA, Domingos; SAAD, Sheila. *Governança Corporativa nas Empresas Familiares*: Sucessão e Profissionalização. São Paulo: CL-A, 2012.

RICCA, Domingos. *Da Empresa Familiar à Empresa Profissional*. São Paulo: CL-A, 1998.

RICCA, Domingos. *Sucessão na Empresa Familiar: Conflitos e Soluções*. São Paulo: CL-A, 2007.

ROBBINS, Stephen. *Comportamento Organizacional*. 11ª ed. São Paulo. Atlas, 2002.

RODRIGUEZ Y RODRIGUEZ , Martius V. *Gestão empresarial: organizações que aprendem*. Rio de Janeiro: Qualitymark, 2002.

SENGE, P. *A quinta disciplina: arte e prática da organização que aprende*. 20ª ed. Rio de Janeiro: Qualitymark, 2005.

SOTO, Eduardo. *Comportamento organizacional: o impacto das emoções.* São Paulo. Pioneira Thomsom, 2005.

TOLEDO, F. de; MILIONE, B. *Dicionário de Recursos Humanos.* São Paulo: Atlas, 1996.

WAGNER III, John A.; HOLLENBECK, John R. *Comportamento Organizacional.* São Paulo: Saraiva, 1999.